서울대 엄마의
첫 주식 수업

서울대 엄마의 첫 주식 수업

초판 1쇄 인쇄 2021년 9월 30일
초판 1쇄 발행 2021년 10월 10일

지은이 **주우진**
펴낸이 **우세웅**
책임편집 **김은지**
기획편집 **박관수 한희진**
콘텐츠기획·홍보 **한희진**
북디자인 **이선영**

종이 **페이퍼프라이스㈜**
인쇄 **㈜다온피앤피**

펴낸곳 **슬로디미디어그룹**
신고번호 **제25100-2017-000035호**
신고년월일 **2017년 6월 13일**
주소 **서울특별시 마포구 월드컵북로 400, 상암동 서울산업진흥원(문화콘텐츠센터) 5층 20호**
전화 **02)493-7780**
팩스 **0303)3442-7780**
전자우편 **slody925@gmail.com(원고투고·사업제휴)**
홈페이지 **slodymedia.modoo.at**
블로그 **slodymedia.xyz**
페이스북인스타그램 **slodymedia**

ISBN 979-11-6785-035-5 (03320)

덧셈 뺄셈만 알면 누구나 시작할 수 있는 주식 투자법

서울대 엄마의 첫 주식 수업

주우진(괜찮은 거북) 지음

슬로디미디어

주식은 어렵다. 차트, 재무, 기업 가치라는 용어를 떠올리면 주식 투자는 마치 전문가의 영역인 것만 같다. 주식 투자를 권하는 사람도 하나 같이 주식 전문가들이다. 주식 투자를 하지 않으면 큰일 날 것처럼 이야기하며 나만 따라 하면 된다는데, '그건 니 생각이고.'라는 마음이 절로 든다. 그들을 따라 하다가는 가랑이가 찢어질 것만 같다.

이 어렵다는 주식을 남편이 했다. 결혼 전에 주식 투자로 큰돈을 벌어 본 적이 있다기에 신혼 초에 여유 자금 1억 원을 덜컥 내어 주었다. 그 1억 원은 몇 년 후 7,500만 원이 되어 돌아왔다. 서울에 집값은 무섭게 오르는데 가진 돈마저 손실이 나니 울화통이 터졌다. 이 분노는 결국 내가 주식 시장에 뛰어드는 계기가 되어 주었다. 주식 계좌도 없고 거래하는 법도 몰랐지만 어쨌든, 남편에게 본때를 보여주어야 했다. 주식 시장이 나빠서가 아니라 당신이 주식 투자를 못 해서 그런 거라고 말이다.

내로라하는 사람들도 쪽박 차는 게 주식이라는데, 오기로 시작한 주식이 쉬울 리 없었다. 호기롭게 매수하고는 조금이라도 주가가 내려가면 심장이 벌렁거려 잠도 못 잤다. 핸드폰 속의 숫자 하나로 천국과 지옥을 오갔다. "주가라는 게 오르기도 하고 내리기도 하는 거지."라는 말로는 위로가 되지 않았다. 손실로 밤을 지새울 때면, 내가 보유한 주식에 대한 기사를 찾아 읽고 또 읽었다. 그 종목에 대해 사견을 담은 블로그 글도 모조리 찾아 읽었다. 그러다가 만난 게 네이버 주식 카페 〈거북이 투자법〉이다. 카페는 마이너스인 내 종목으로 이미 수익을 내고, 제2의 타이밍을 기다리는 듯한 축제 분위기였다. 이 분위기에 밥숟가락 좀 얹어 보자 싶었다. 제2의 타이밍이 있다면 나도 분명히 수익을 내고 탈출할 기회가 있으리라! 새 카페에 가입할 때의 통과의례는 가입 인사다.

"안녕하세요. 전업주부입니다. 생활비 벌려고 왔어요."

짧은 한 줄로 내 소개는 끝났다. 주식을 하는 이유는 오로지 '생활비 벌기' 뿐이니까. 그런데 모두 사기꾼 같고, 나만 빼고 자기들끼리 짜고 치는 고스톱 같던 주식 시장이라 생각했는데, '어라? 이 카페 꽤 인간적이다.'

실제로 주가가 내려갈 때면 카페 운영진의 글을 보며 마음을 다잡았다. 어쩌다 수익이 나서 수익 인증 글을 올리면 모두 진심으로 축하해

서울대 엄마의 첫 주식 수업

주었고, 아이 키우며 생활비 버는 엄마로서 쓴 글에 공감 댓글이 달릴 때면 든든한 동지가 생긴 것만 같은 기분이 들었다. 이 외롭고 두려운 주식 판을 〈거북이 투자법〉 카페로 견뎠다. 그리고 이들이 추천해 주는 주식 기본서를 찾아 읽고 실행하며, 나만의 투자법을 만들었다. '분할 매수, 존엄하게 버티기, 분할 매도' 3원칙이다. 또 하나, '내 인생에 손절 따위는 없다'라는 마음가짐. 작은 성공 경험들은 주식에 대한 자신감을 심어 주었고, 자신감은 성공에 대한 확신으로 이어졌다. 단순한 이 원칙만 가지고 현재 매달 꾸준한 수익을 내고 있다.

주식은 어렵다고 생각하면 정말 어렵다. 그러나 마트에서 콩나물 사고 두부 사듯 장을 보는 거라 생각하면 주식은 덧셈과 뺄셈 수준의 쉬운 셈하기가 된다. 덧셈과 뺄셈은 누구나 한다. 그래서 주식은 누구나가 할 수 있는 영역이다. 긴 시간 조금씩 사면서 평단가를 낮추고, 주가가 올랐을 때 파는 단순한 인내 과정을 담았다.

자, 질문하겠다. "1 더하기 1은?" 이 질문에 답할 수 있다면 당신도 주식 투자를 할 수 있다. 당장 시작하라.

주우진

나는 남편보다
주식 투자가 더 좋다

PART 4

나의 주식 분투기

서울대

엄마의 첫

주식 수업

나는 남편보다
주식 투자가
더 좋다

주식이라는
신세계

　　2012년, 28살이었던 나는 또래보다 이른 나이에 결혼했다. 남편과 불꽃 튀는 사랑을 한 건 아니지만, 인연은 정해져 있다고 했던가. 만나기도 전에 파투를 낼까 고민했던 사람과 결혼했다. 헤어지는데 나보다 먼저 버스를 타고 가 버리는 개똥 같은 매너를 가진 남자와! 나를 마음에 들어 하는 것 같았는데 마지막에 까이는 기분이란… 헤어진 후에 연락도 없어 미묘하게 굴욕감이 느껴졌다.

　　연락은 하루 걸러 다음 날 출근길에야 왔다. 최대한 시간을 끌다가 마지못해 답하는 척하려 했지만 이성과는 달리 버스가 떠날까 봐 초조한 마음에 문자를 받은 지 30분도 채 안 되어 답문을 보내고 말았다. 제길! 그런데 소개팅 남의 또 만나자는 문자에 희한한 감정이 들었다. '더 고민하지 말고 이 사람이랑 연애하고 서른에 결혼해야지!' 왜 그런 생각이 들었는지 모르겠다. 마음에 들지도 않았던 사람과 한 번 만나고 결혼 생각을 하다니. 그렇게 인연이 시작되었다.

당시 남편은 바쁜 사람이었다. 이직을 위해 공부하고 시험을 치고, 출장을 다녔다. 썸 타듯 어쩌다 한 번씩 만나는 사이로 한 달을 보냈다. 그러다가 손을 잡고, 고백을 받고, 연애를 했다. 그와의 데이트는 즐거웠다. 당시 28살이었으니, 이렇게 연애하고 서른에 결혼해야지 싶었다. 그러던 어느 날, 식당에서 밥을 먹는데 그가 말했다. "어제 친구한테 연락이 왔는데 2월에 결혼한다네. 나도 벌써 결혼할 나이가 되었구나 싶더라고. 그런데 조금 있다가 다른 친구한테 연락이 왔는데 그 친구는 1월에 결혼한대. 그 말을 들으니 내가 뭔가 뒤처지는 것 같기도 하고 부럽더라." 그때 남편의 나이는 고작 31살이었다. 친구들이 결혼한다는 소식에 조바심이 난 걸까. 갑자기 그는 결혼을 원했다. 그래서 우리는 만난 지 6개월 만에 일사천리로 결혼했다. 그러나 6개월 만나고 서로에 대해 얼마나 알겠는가. 그 성실해 보이는 사람이… 주식을 한다니! 주식이라니!

나의 엄마는 알뜰살뜰 적금으로 돈을 모으는 분이셨다. 그런 엄마 밑에서 자란 나도 늘 아껴 쓰고 꼬박꼬박 적금을 붓는 사람이었다. 너무나 당연한 일이었다. 재테크 수단은 일절 몰랐고, 이따금 주식하느라 하루에도 몇 번씩 기분이 오락가락한다는 대학 선배 소식에 '으이구, 선배도 참… 공부나 열심히 하지.'라고 생각하기도 했다. 그 정도로 나는 재테크와 주식에 문외한이었다. 그런데 신혼여행을 다녀오자마자 남편이 "지금 주식을 사면 3월에 배당금이 나와."라는 게 아닌가. '일주일만 돈을 넣어 두면 돈이 저절로 나온다고? 무슨 사기도 아니고.' 그러나 공짜 안 좋아하는 사람이 있을까. 우리는 이미 한배를 탄 부부였기에 솔깃했다. "그럼 넣어 둔 돈은 손해 안 보는 거야?", "처음에는 떨어지는데 조금만 기다리면 원금은 금방 회복돼." 주식이 뭔지는 모르지만 남편이 결혼 전 주식으로 큰돈을 벌어 본 적이 있다는 말에 주식 투자를 한다고 무조건 손해만 보는 건 아니라는 생각을 처음으로 하게 되었다.

당시 나는 이른 나이에 결혼했음에도 허튼 데에 돈을 쓰지 않고 알뜰하게 모아 양가 도움 없이도 넉넉하게 결혼한 터였다. 2013년 당시, 서울에 24평짜리 래미안 아파트를 대출 없이 2억 4천만 원에 전세를 얻고도 1억 원이라는 여윳돈이 있었으니 말이다(그렇다. 2013년. 그때 주식이 아니라 아파트를 샀어야 하는데). 그래서 남편에게 여윳돈 1억 원을 몽땅 내 주었다. 신혼살림 사는 재미에 푹 빠진 데다 재테크 같은 건 생각도 하기 귀찮아 덜컥 내 준 것이다. 이후 1억 원의 근황을 종종 물었다.

"지금은 일시적으로 주가가 내려가는 시기인데, 3~4월 즈음부터 서서히 회복되니까 조금만 기다려." 그러고 3월이 되었다. "여보. 지금 7%야." 헉! 1억 원에 7%면 700만 원? "그럼 그 돈이 지금 통장에 들어와 있는 거야?", "아니. 그걸 팔아야 진짜로 내 돈이 되는 건데 아직 팔기에는 일러.", "무슨 소리야! 700만 원이면 큰돈인데. 당장 빼서 그 돈 나 줘." 그러나 남편은 자신 있게 말했다. "10% 되면 팔아서 줄게." 10%? 그럼 1,000만 원?

수익이 났을 때 얼른 팔아 공돈 한번 받아 보고 싶었다. 그러나 남편은 달랐다. 700만 원에도 흔들리지 않는 내공(내 남편이 얼마나 주식의 주자도 모르고 있었는지는 나중에 이야기하겠다)! 공무원 집안에서 태어나 교사로 일하며 적금밖에 모르는 나와는 달리, 역시 회사에 다니는 사람은 세상 보는 눈이 다르다고 느끼며 남편이 매우 믿음직스러웠다. 나보다 월급도 많이 받는 사람이 주식으로 여윳돈까지 벌어다 준다니 세상 부자가 된 것만 같았다. 다시 일주일이 지났다.

"여보. 주식 어떻게 되었어?", "아, 지금쯤 올라야 하는데 살짝 떨어졌어. 지금 5%야.", "뭐? 지금이라도 팔아!", "원래 주식이 오르락내리락하는 거니까 조금만 기다려. 탄탄한 기업에 넣었으니까 안 위험해." 어쩌겠나. 믿어야지. 그런데 남편은 어떤 기업의 주식을 샀는지 절대로 말하지 않았다. 이건 또 무슨 소리지? 사람 불안하게. 이유인즉슨, 뭘 샀는지 말해 주면 내가 매일 그걸 확인하며 불안해할까 봐서란다. "나는 주식 볼 줄도 모르고 어디서 보는지도 모르니까 일단 이름만 말해 줘.", "현대제철."

현대제철은 모르지만 현대는 유명한 기업이니 큰 문제는 없을 거라고 생각했다. 그리고 그 1억 원은 몇 년간 내 손에 돌아오지 않았다.

뭐? 1억 원이
7,500만 원이 되었다고?

참을성? 인내심? 관대함? 내조? 안타깝게도 나와는 먼 이야기이다. 그런데도 내가 그 돈을 몇 년간 기다릴 수 있었던 건 당장 필요한 돈이 아니었기 때문이다. 그도 그럴 것이 결혼하고 1년 반 만에 남편은 해외로 나가게 되었고, 나는 태어난 지 6개월 된 아이와 친정에 들어가 살게 되어 전세금 2억 4천만 원이 고스란히 통장에 있었다. 1억 원을 돌려받을 생각보다 전세금을 어찌할지가 고민이었다.

남편은 그 돈으로 주식을 더 사고 싶어 했고, 나는 집을 사고 싶었다. 그러나 덜컥 집을 사자니 부동산에 대해 아는 바가 없었고, 남편은 부동산 폭락 주의자였다. "취득세도 그렇고 양도소득세도 있고. 아파트 사면 세금이 얼마나 많이 나가는데." 그 말에 '와, 역시 우리 남편은 주식을 하니까 세금에 관해서도 잘 아는구나. 확실히 회사원은 경제에 해박하구나.'라는 생각과 남편이 아니었으면 엄청 많은 세금을 낼 뻔했다며 안도했다. 그때가 2014년 9월이다. 아파트값이 지지부진하던 시기였고, 남편은 곧 부동산 폭락의 시대가 올 거라 굳게 믿었다. 그리하여 나는 발품을 팔아 이자를 0.1%라도 더 주는 은행에 찾아가 2억 4천만 원을 예금에 넣었다. 남편의 해외 근무 기간을 고려해 이자가 최고치인 3년짜리로 말이다. 당시 3% 이하의 예금이 많던 상황에서 우대 이율을 합쳐 연 3.75%짜리 예금을 넣었다는 생각에 상당히 뿌듯하기까지 했다.

그러나 3년 만기가 되기도 전에 많은 우여곡절을 겪어야 했다. 2015년에 나와 아들은 남편이 있는 곳으로 출국했다. 3년을 계획한 외국 생활이었다. 그러나 외국에서의 육아는 고되었다. 미숙아로 태어난 아들은 자주 아팠고, 아는 사람도 없이 홀로 아이를 돌보는 일은 외로웠다. 소위 말하는 독박 육아. 친정은 고사하고 안부를 물을 이웃조차 없었고, 문화 센터와 키즈 카페도 없었다. 그리고 남편은 바빴기에 일요일밖에 함께할 시간이 없었다. 이건 같이 살아도 사는 게 아니었다. 1년 반을 겨우 버티고 귀국해 다시 친정살이를 시작했다.

친정에서 아이를 키워 본 사람은 알 것이다. 친정도 결국 남의 집이라는 것을. 친정 식구들이 아무리 잘해 주어도 내 살림이 아닌 곳에서 아이의 장난감은 걸리적거리는 짐이 되어 버릴 뿐이었다. 나는 이 고단한 기러기 같은 삶을 청산하고자 결심했다. '다시 일어서야겠다. 남편이 벌어다 주는 돈으로 내 집도 없이 친정에 얹혀살며 애만 키울 수는 없다. 홀로서기를 해야만 한다.' 그리하여 남편에게 고했다. "이대로는 못 살겠어. 이혼하자."

어렴풋이 마음의 멀어짐을 느끼고 있던 남편은 꽤 충격을 받았는지 바로 본사에 강력히 요청해 서울로 돌아왔다. '그래. 아이를 위해서라도 이혼은 아니지. 한국에 들어온다는데 같이 잘살아 봐야지.' 그리하여 서울에 집을 구하기 위해 3년간 묻어 두었던 예금을 되찾고, 남편에게 주었던 1억 원의 행방을 물었다. 결과는 제목 그대로다. 1억 원의 돈은 7,500만 원이 되어 돌아왔다. 그때의 울화통이란!

"여보. 이제 주가가 살아나기 시작했는데 몇 달만 더 들고 있자. 그러면 회복될 거야." 흥! 웃기는 소리! 남편은 3년간 단 한 번도 수익을 내지 못하고 있었다. 몇 개월 더 들고 있다고 수익이 날까. 반면, 내가 든 예금은 어떠한가. 살뜰히 원금을 돌려주지 않았는가! 물론 이자도 함께.

그래서 그 돈으로 아파트를 샀냐고? 2017년 2월은 대한민국이 탄핵으로 물들고 지지부진했던 아파트값이 막 오르기 시작했던 때였다. 정말 기회였다! 하지만 해외에 나갔다 온 사이, 2억 원 초·중반대면 구할 수 있던 20평대 전세가 3억 원대로 변해 있었다. 충격이었다. 너무도 오른 집값에 더이상 오를 데도 없을 것 같았다. 이제 내려갈 일만 남았겠다 싶었다. 그렇게 또 아파트 매수를 보류하고야 말았다.

1승 1패의
펀드 경험

어디서 주식 투자를 시작할 용기가 나왔을까. 남편이 1억 원을 7,500만 원으로 만든 것을 보았으면 주식에 손도 안 델 법한데, 주식이 뭐라고 그리 못할까 싶었다. 그러고 보니 떠오르는 기억이 하나 있다. 고등학생 시절, 집으로 매일 신문이 날아왔다. 관심 갖고 읽는 거라고는 TV 프로그램 편성표와 오늘의 운세였는데 어느 날 3,000만 원으로 하루에 딱 3%씩만 수익을 낸다는 주부에 대한 기사에 눈이 갔다. '매일 3,000만 원으로 3%면 90만 원이네! 한 달이면…?' 이라고 생각했던 것 같다. 오래된 기억이 이렇게 남는 걸 보면 눈과 귀가 번쩍 뜨이는 이야기이긴 했나 보다.

그러나 나에게도 투자에 대한 부끄러운 과거가 있다. 펀드 경험이다. 나의 펀드 전적은 1승 1패. 최종적으로는 아픔이 된 쓰라린 경험. 2007년에 중국 펀드 열풍이 분 적이 있다. 적금밖에 모르던 내가 펀드를 알게 된 건 함께 임용 고시를 준비하던 대학 선배의 영향이었다. 선배는 재테크에 능해 보이는 사람이었다. 선배의 부모님께서 원룸으로 세를 받아 수익을 내고 계셨기에 더욱 그러해 보였다. 그런 선배가 중국 펀드에 돈을 넣어 수익을 냈다고 하니 솔깃했다. 선배에게 펀드는 어떻게 가입하냐 물으니 주거래 은행에 가서 중국 펀드 하나 만들어 달라면 된다고 했다. 그 말에 다음 날 바로 은행에 가서 중국 펀드를 만들고, 과외로 번 돈 100만 원을 털어 넣었다. 은행원은 그냥 두면 알아서 돈이 불어나 있을 테니 무조건 오래 갖고 있으라고 했다.

임용 공부하느라 신경 쓸 틈도 없는데 내버려두면 된다니 오히려 잘된 일이었다. 이후 정말로 펀드에 가입했다는 사실을 잊고 1년을 지냈다. 그러다가 드디어 인간 해방의 날이 왔다. 임용 고시를 치르고 부랑자 같던 초췌한 모습을 탈피한 것이다. 매일 도서관에 죽치고 있다가 시험을 치고 나니 잊고 있던 펀드가 생각났다. 펀드! 내 돈 100만 원!

잊고 있던 펀드 생각에 무척 설렜다. 임용 발표를 기다리는 마음에 비할 바는 아니지만, 복권을 긁을 때 정도의 설렘과 비슷하다고나 할까? 그리고 그 결과는! 무려 50%의 수익률이었다. 100만 원이 150만 원이 되어 있었다. 당장 계좌를 해지하고 그 돈을 찾아 오고 싶었다. 그러나 "조금 더 들고 있으면 더 오를 거예요. 요즘 중국 주식이 상승세여서 앞으로 더 오를 거라고 보거든요."라는 은행원의 달콤한 한마디에 욕망을 억눌렀다. 은행에서 일하는 사람이니 나보다 더 잘 알겠지 싶었고, 당장 100만 원이 필요한 것도 아니니 한두 달 더 묵혀 두지 않을 이유도 없었다. 아쉬움을 뒤로 한 채 더 큰 수익률을 기대하며 은행 문을 열고 나왔다.

임용 고시 발표가 났다. 합격이었다. 교사로 사회에 첫발을 내디딘다는 생각에 기뻤다. 옷도 사고 화장품도 사야 할 터였다. 이제 나의 소중한 150만 원을 찾을 때가 왔다! 그런데 이게 무슨 일인가. 한 달 만에 내 돈은 120만 원이 되어 있었다. 입이 떡 벌어졌다. 다시 150만 원이 될 때까지 기다려야 할지 지금이라도 찾아야 할지 갈피를 잡을 수가 없었다. 의지할 수 있는 사람이라고는 은행원뿐이었다. "펀드는 수익을 예측할 수가 없습니다. 그러나 오르락내리락하다가 다시 상승할 거로 기대됩니다. 지금은 일시적으로 수익률이 떨어진 것뿐이에요." 감언이설인가 싶었지만, 은행원의 말이 아닌가.

따지고 보면 손해 본 상황도 아니었다. 20만 원의 수익이 났으니까 말이다. 그런데 사람 마음이 그렇지가 않았다. 마치 원래부터 150만 원이 있었는데 30만 원 손해를 본 것 같았다. 그래서 해지하지 않고 더 기다리기로 결정했다.

그러나 지금 알고 있는 것을 그때도 알았더라면, 욕심의 끝은 후회뿐이라는 걸 알았더라면 좋았을 것을. 펀드는 몇 년이 지나도 회복하지 못했고 결국 마이너스가 되었다. 마이너스가 나자 더욱 해지할 수가 없었다. 오를 때까지 가만히 기다리는 것보다 매달 3만 원씩 이체하면 회

서울대 엄마의 첫 주식 수업

복이 빠르다는 말에 돈을 더 넣기까지 했다. 그렇게 몇 년을 더 애태우다가 눈물을 머금고 해지했다.

펀드 경험은 최종적으로 KO패다. 하지만 100만 원이 150만 원으로 불어난 경험을 1승, 최종 결과를 1패로 평가한다. 그때의 쾌감이 주식을 할 용기를 주었기 때문이다. 그리고 너무 큰 욕심만 부리지 않으면 주식으로도 수익을 낼 수 있다는 믿음이 생겼다.

이 경험을 바탕으로 이야기하고 싶은 게 있다. 은행원도 사실은 펀드를 잘 모른다는 것과 투자에 대한 책임은 오롯이 자신이 져야 한다는 것이다. 팔랑 귀가 되어 남의 말에 휘둘리지 말자. 남의 말을 듣고 뒤늦게 후회하는 것은 옳지 않다. 주식은 내가 팔고 싶으면 파는 것이다.

그렇게 주식을
시작했습니다

주식에 승부수를 던졌지만, 어떻게 주식을 시작해야 할지 몰랐다. 매수와 매도가 뭔지, 사고판다는데 뭘 사고파는 건지 알 수가 없었다. 당연히 주식 계좌도 없었고 내가 사는 지방 소도시에는 계좌를 개설할 증권사도 없었다. 그래서 나는 남편을 아바타로 만들기로 했다. 남편에게 종목을 알려 주고 대신 매수하게 하는 것이다. 그런데 주식에 대한 지식이 하나도 없는 내가 무슨 종목을 사라고 할 것인가. 코스피도 코스닥도 모르는데. 그래서 나름 머리를 굴려 생각한 방법이 펀드가 투자하는 회사의 주식을 매수하는 것이었다. 주거래 은행 홈페이지에 접속해 인기리에 판매되는 펀드가 투자하는 기업을 검색했다. 그리고 괜찮아 보이는 기업이 보이면, 그 기업에 대한 기사를 찾아 보고 홈페이지에 들어가 보았다. 그렇게 선택한 기업이 '한국선재'이다.

근거는 없지만 뭔가 탄탄한 기업처럼 보였다. 무식하면 용감하다고 했던가. 나는 남편에게 200만 원을 보내고는 한국선재를 매수해 달라고 했다. 그러나 얼마에 사냐는 남편의 질문에 당황하고 말았다. 그냥

200만 원어치 사달라는데 얼마라니? "그냥 200만 원어치 사 줘." 남편은 알아서 주문하겠다고 했다. 정말로 무식해서 용감했다. 한 시간이 지났다. "여보, 샀어?", "아직.", "왜 아직 안 샀어!" 조바심이 났다. "그게 내가 주문한 금액이 아직 안 나오네.", "그게 무슨 말이야?"

지금은 당연한 게 그때는 참 어려웠다. 예를 들어, 연필 한 자루가 1,000원에 거래된다면 사고 싶은 사람은 900원을 부를 수도 있고, 950원을 부를 수도 있다. 이때 부르는 가격을 '호가'라고 한다. 그러나 파는 사람 입장에서, 조금 더 비싸게 팔고 싶은 사람은 1,100원이나 1,050원을 부를 수도 있고, 빨리 팔아서 치우고 싶은 사람은 950원에 떨이 판매를 할 수도 있다(주식에 투자하다 보면 징글징글해서 팔아 치우고 싶은 순간이 참 많이 온다). 남편은 그 이야기를 하는 거였다. 자기는 조금 더 싸게 사고 싶은데 아무도 그 가격에 팔지 않는다고 말이다. 성격이 급한 나는 주가가 오를까 봐 한시라도 빨리 샀으면 했다. 그러나 아바타가 안 산다는데 어쩌겠나. 한참 뒤 남편에게 매수했다는 문자가 왔다. 주식에서 사는 걸 '매수', 파는 걸 '매도'라고 한다. 내가 산 가격은 '매수가', 판 가격은 '매도가'이다. 예를 들어, 내가 900원에 연필을 사면 900원이 매수가이고 이걸 1,000원에 팔면 1,000원이 매도가가 된다.

이후 인터넷으로 주가를 확인할 수 있었지만, 직접 보는 게 아니니 수익이 나는 중인지 손실이 나는 중인지를 알 수가 없었다. 그래서 매일 남편에게 오늘은 몇 %의 수익이 났는지 물었다. 며칠 후 남편에게 긴박

한 문자가 왔다. "여보, 지금 17% 수익 중이야!" 심장이 벌렁거렸다. 며칠 만에 17%의 수익이라니. 남편이 내게 물었다. "여보, 팔아?" 묻긴 뭘 묻나. 17% 수익이 났다는데. "여보, 당장 팔아!" 수익률이 조금이라도 내려갈까 봐 조바심이 났다. "팔았어? 팔았어?", "여보 팔았어!", "우와. 그럼 이제 내 돈 된 거야? 34만 원이 생긴 거야? 당장 보내 줘!", "며칠 기다려야 해. 현금으로 들어오려면 며칠 걸려." 무슨 말인지는 모르겠지만 내 돈이 된 건 맞다고 하니 안심했다.

 2017. 04. 08 '거북이 투자법' 카페에 쓴 일기 ☆

저의 첫 주식 투자는 한국선재였어요

올해 2월에 한국선재 주식을 샀어요. 그땐 테마주니 뭐니 이런 것도 모르고 제 계좌도 없었어요. 홈페이지에 들어가서 내실 있어 보이는 것 같다 정도로만 생각했습니다.

그냥 남편에게 딱 200만 원어치만 사보라고 했었죠. 남편이 듣도 보도 못한 기업이라며 상장 폐지 위험이 있다고도 하고, 처음이라 마이너스만 되어도 마음이 아프더라고요.

그러다가 3% 붙었을 때 팔라고 했더니 남편이 팔아 주지 않았어요. 그런데 웬걸! 갑자기 17% 붙어서 35만 원 정도 벌었어요. 나중이 보니 홍준표 테마주더라고요.

서울대 엄마의 첫 주식 수업

주식을 할 수밖에 없었던 이유

돈이 많아서 불행한 사람은 없다. 다다익선이라는 말은 돈에서도 예외가 아니다. 주식 투자도 당연히 돈을 벌기 위함이다. 그렇다면 돈은 왜 버는가? 조금 더 나은 미래를 위해서? 여유 있는 삶을 위해서? 그러나 나에게는 조금 더 절박한 이유가 있었다. 떠올리기만 해도 애틋한 존재, 아들.

아들은 2013년 12월, 임신중독증으로 예정일보다 한 달 일찍 태어났다. 2kg의 미숙아였지만, 건강에 이상은 없었다. 그런데도 출산 후 딱한 번 보고 사흘이 지나도록 안아 볼 수가 없었다. 미숙아였기 때문에 간호사실에서 미숙아 특수 분유를 먹였고, 굳이 수술 후 회복 중인 나를 부르지도 않았기 때문이다. 하지만 나는 아이가 보고 싶어 애가 닳았다. 몸이 회복될 즈음 간호사실에 요청해 겨우 아이를 안아 볼 수 있었다. 아이를 안아 들자 눈물이 줄줄 흘렀다. 너무도 작은 체구와 가녀린 손목, 벗겨질 것만 같은 살가죽에 미안하고 또 미안했다. 태어난 지

닷새 째 되는 날 퇴원 수속을 밟고 입원실로 돌아왔는데 남편의 표정이 심상치 않았다. 애써 밝은 목소리로 무슨 일이냐 물어도 남편은 대답이 없었다. 그러다가 눈물을 흘리며 말했다. "아이 산소포화도가 떨어져서 지금 대학 병원으로 이송해야 한대." "다른 문제는 없어?", "응. 심박수가 조금 떨어지는 것 같다고…", "그럼 큰일 아니잖아. 울지 마." 애써 태연한 척했지만 야속했다. 몸도 만신창이인 내가 위로하는 꼴이리니. 그때 처음으로 삶이 무겁게 느껴졌다.

다행히 아이는 금방 회복했다. 그러나 체중이 적어 인큐베이터에 며칠 더 입원해야 했다. 나는 아이 없이 홀로 산후 조리원에 들어가게 되었다. 처음에는 홀가분하기도 했다. 마음껏 자고 쉬며 몸을 돌볼 수 있었기 때문이다. 다른 엄마들은 모유 수유 때문에 밤중에도 불려 나가는데 나는 그런 일이 없어서 푹 잤다. 그러나 아이가 너무 보고 싶었다. 엄마 품에서 떨어져 혼자 병원에 있는 아이를 생각하니 가슴이 미어졌다. 아이의 건강도 이상이 없다고 했는데 퇴원을 시켜 주지 않는 대학 병원이 원망스러웠다. 며칠 후 내 혈압이 급속도로 오르고, 팔다리가 심하게 부어올랐다. 아이를 낳았지만 임신중독 증상이 가시지 않은 것이다. 의사는 병세가 심각하다며 내과 진료를 권했다. 하지만 나는 아이가 보고 싶을 뿐이었다. 아이를 안으면 모든 게 해결될 것만 같았다. 그래서 대학 병원에 요청해 아이를 퇴원시켜 산후 조리원으로 데리고 왔다. 드디어 세 가족이 함께하게 되었다. 임신중독 증세는 거짓말처럼 사

서울대 엄마의 첫 주식 수업

라졌다. 아이의 몸무게도 꾸준히 늘었고 정말 행복했다. 귀여운 아들과 아들을 사랑하는 남편의 존재, 작게 낳아 크게 키우라는 주변 사람들의 말에 힘이 났다. 그러나 행복한 시간은 그리 오래 가지 않았다. 아이가 선천성 소아 탈장으로 생후 6개월 만에 수술을 하게 된 것이다. 수술 설명을 듣는데 얼마나 눈물이 쏟아지던지 아직도 수술실로 들어가던 아이의 눈빛이 선하다.

이후 해외에 나갔다가 홀로 돌아와 아이를 어린이집에 보내면서 아이를 객관적으로 볼 수 있게 되었다. 내 아이가 또래보다 얼마나 작고 느린지. 미숙아로 태어난 걸 고려하더라도 발육 상태와 언어 발달 모두 뒤처져 있었다. 그러나 당시에는 외국에서 지내다 왔고 나 혼자 아이를 돌보느라 언어 자극이 적어서 그런 거라 생각했다.

아이의 언어 치료를 시작했다. 주 2회로도 부족하여 주 3회로 늘리고 나중에는 언어 치료사의 권유로 인지 치료도 더했다. 놀이 치료를 했더니 말이 트였다는 어떤 엄마의 말에 놀이 치료도 시작했다. 매일 발달 센터에 다녔다. 치료비는 센터마다 차이가 있지만 대개 40분 수업과 10분 상담에 회당 4~5만 원이었다. 여러 개의 치료를 하다 보니 치료비가 한 달에 100만 원 가까이 들었다. 남편의 월급이 적은 편이 아님에도 불구하고 아이의 치료비는 점점 부담으로 돌아왔다. 게다가 대학병원 진료가 있는 날이면 20~30만 원은 우습게 빠져나갔다. 알뜰살뜰하게 살아왔다고 자부했건만, 처음으로 돈이 무섭게 느껴졌다. 이 돈이 없었더라면… 상상만으로도 무서웠다.

돈이 없어 본 사람은 안다. 돈이 얼마나 소중한 것인지를. 돈을 더 벌어야 한다는 생각이 들었지만 할 수 있는 일이 없었다. 아이를 키우느라 휴직해야 했고, 교사이기에 아르바이트를 할 수도 없었다. 그런 상황에서 할 수 있는 건 주식뿐이었다. 반은 장난, 반은 오기로 시작했던 주식이었지만 절박한 심정으로 매달려야 했다.

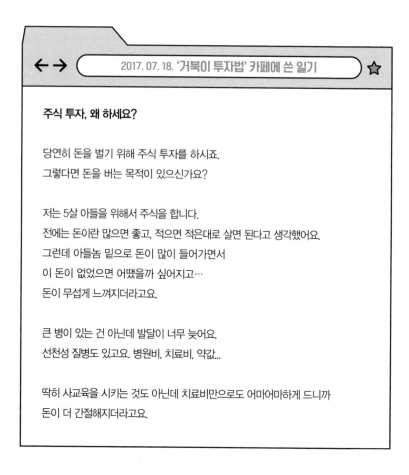

2017. 07. 18. '거북이 투자법' 카페에 쓴 일기

주식 투자, 왜 하세요?

당연히 돈을 벌기 위해 주식 투자를 하시죠.
그렇다면 돈을 버는 목적이 있으신가요?

저는 5살 아들을 위해서 주식을 합니다.
전에는 돈이란 많으면 좋고, 적으면 적은대로 살면 된다고 생각했어요.
그런데 아들놈 밑으로 돈이 많이 들어가면서
이 돈이 없었으면 어땠을까 싶어지고…
돈이 무섭게 느껴지더라고요.

큰 병이 있는 건 아닌데 발달이 너무 늦어요.
선천성 질병도 있고요. 병원비, 치료비, 약값…

딱히 사교육을 시키는 것도 아닌데 치료비만으로도 어마어마하게 드니까
돈이 더 간절해지더라고요.

형편이 어려운 것도 아니고 남편 월급이 적은 편도 아니지만, 그냥 월급 아껴서 모으는 건 한계가 있고요.
한푼 두푼 모아서 재산을 불리는 것보다 집값 상승이 어마어마하네요.

그래서 본격적으로 재테크를 하게 되었습니다.
집값 오르는 속도는 무섭고, 한 달 뭉텅이로 드는 돈은 줄일 방법이 없고.
이러다가 집도 없이 떠돌게 되는 건 아닐까 불안하고요.
나중에 아들에게 큰돈이 들 때 그 돈이 없으면 어쩌나 뭐 그런 생각이 들어요.

어느 순간부터 돈이 참 귀중하다는 생각이 듭니다.

아들이
저를 살렸습니다

　우울증. 누가 우울증을 마음의 감기라고 쉽게 말했는가. 아이를 등원시키고 혼자 거실에 앉아 있던 어느 날, 회사에서 일하고 있는 남편에게 SOS를 쳤다. 점심시간에 잠깐 집에 들러 달라고. 우울증으로 인한 무력감과 고독감, 고립감을 마음의 감기라는 말로 표현할 수 있다면 우울증에서 조금은 쉽게 빠져나올 수 있었을 것이다. 그러나 그 우울의 늪에 빠진 순간에는 그 어떤 말도 그 어떤 생각과 의지력도 사라져 버렸다. 시간과 공간도 느껴지지 않는 긴 터널에 빠져서 원근감도 없이, 위인지 아래인지조차 느껴지지 않는 아득함과 어지러움을 표현할 말이 없다. 남편이 오는 동안 물을 마시려 했던 건지 어느 순간 나는 주방에 엎드려 있었다. 쏟아지는 눈물과 그만두고 싶어도 토해지는 오열에 구토까지 했다. 사람이 울다가 죽을 수도 있겠다 싶었다. 차라리 이대로 죽어 버린다면 얼마나 편할까. 차라리 이대로 죽어 버릴 수 있다면 얼마나 다행일까. 남편도 오고 있으니 남편이 모든 걸 수습해 줄 텐데. 우울증은 거짓말 같다. 그렇게 멈출 수 없이 눈물이 나다가 삽시간에 눈물이 쏙 들어갔다. 지금도 그 이유를 알지 못한다. 그냥 그랬다가 새삼 멀쩡해졌다. 눈물이 쏙 들어가고 쏟아지던 구토가 멈추고 몸을 멀쩡히 가눌 수 있게 된다. 거짓말처럼 말이다.

남편이 도착했다. 태연하게 남편을 맞이하며 당신이 오기 전까지 엄청 많이 울었고, 울다 못해 구토까지 했다고 말했다. 내가 죽지 않고 살아 있는 건 남편 덕이다. 남편은 거짓말 같던 그 순간에 관한 이야기를 있는 그대로 들어 주었고, 진심으로 마음 아파하고 걱정해 주었다. 그리고 남편의 권유에 우울증 치료를 받고, 복직을 했다. 증세가 심하다며 의사는 쉬라고 했지만 복직을 하지 않으면 살 수가 없을 것 같았다. 4년의 길었던 휴직을 끝냈다. 발달이 느린 아이를 선뜻 맡아 준 건 남편이었다. 주변의 눈총과 걱정을 무릅쓰고 휴직을 해 기꺼이 육아 대디가 되어 준 것이다. 만세!

2018년, 꿈의 날개를 펼쳐 다시 학교로 복귀했다. 나는 한 집안의 가장이 되고 남편은 육아와 살림을 도맡은 전업주부가 된 것이다. 모든 게 좋았다. 사람 만나기를 좋아하고, 활달하던 나는 신나게 수업을 했다. 10년 만에 처음으로 휴직한 남편도 꿈에 부풀었고, 엄마보다 아빠를 잘 따르던 아이 역시 안정감을 느꼈다. 세 식구 모두 만족하는 결정이었다. 딱 하나, 돈만 빼고.

돈은 현실적인 문제다. "교사인 네 월급으로 생활이 가능할 것 같아? 어디 한번 잘해 봐!"라고 나를 비웃듯이, 가계는 매달 적자를 면치 못했다. 그럴 수밖에. 내 월급은 280만 원 내외였다. 매달 아이의 치료비와 영양제 값, 병원비 때문에 자린고비처럼 살아도 카드값은 500만 원이 훌쩍 넘었다. 그렇다고 10년 가까이 부어 오던 연금 저축을 깰 수도 없었다. 웃으며 벌어 둔 돈 까먹는다고 했지만, 가장의 무게는 생각보다 무거웠다. 이런 묵직한 가장의 무게를 버티게 해 준 건 주식이었다. 매일 주식 계좌만 바라보고 있을 수는 없었지만 주식에 넣어 둔 돈이 때가 되면 수익을 내 주었다.

2018년 1년간 총 손익금은 21,795,101원이다. 12개월로 나누면 대략 한 달에 180만 원의 수익을 낸 셈이다. 많지는 않아도 모자라는 살림에 보탤 수는 있었다. 그래서 나는 반드시 주식 투자를 해야 했다. 결국 나는 아들 덕분에 주식을 더 열심히 해야겠다는 생각을 하게 된 것이다.

쥐꼬리만 한 월급으로
저축까지 하라고?

200만 원. 2019년부터 2020년까지 매달 기록된 아이의 한 달 치료비다. 발달이 느린 아들이 초등학교 입학을 앞두고 있을 때 "엄마들이 아이가 아프다고 하면 전 재산을 쏟아붓듯 치료에 힘쓰는데 그러지 말고 평생 가야 할 길이니 아이 밑으로 적금 잘 들어 주세요."라는 말을 들었다. 결국은 그 돈이 아이에게 실질적인 도움이 될 거라고 말이다.

그러나 엄마의 마음은 그렇지가 않다. 모든 육아 책에서 하는 말이 있다. 골든타임이 있다고. 나도 그렇게까지 극성인 엄마는 아니었다. 우리나라에서 최고 명문대라고 하는 대학을 나왔지만, 나의 엄마는 공부하라는 이야기를 별로 하시지 않았다. 오히려 "우진아, 너무 열심히 공부할 필요 없어. 여자는 적당히 시집 잘 가서 남편이 벌어다 주는 돈으로 먹고사는 게 최고다."라고 하셨다. 이게 전교 1등을 하는 내게 엄마가 해 주신 말씀이다. 공부하면서 깨달은 바가 있다면, 공부도 결국 적성이라는 거다. 아무리 부모가 시켜 봤자 적성에 안 맞으면 안 하는 거고, 하고 싶으면 말려도 하는 게 공부다. 게다가 공부를 잘한다고 성공한 인생도 아니고 못 한다고 실패한 인생도 아니다. 줄곧 내 자녀에게 공부가 인생의 다는 아니니 하고 싶은 걸 하며 살라고 말하며 키울 참이었다. 사교육을 시킬 생각도 없었고, 엄마표 영어니 영어 유치원이니 사립학교니 관심도 없었다. 아이의 언어 치료를 막 시작할 때도 그랬다. 때가 되면 하고 결국 다 자기 깜냥이라고 믿었기에, 다른 엄마들이 여기저기 정보를 얻어서 빠르게 치료를 시키는 걸 보면서도 아들에게 언어 치료만 시켰다. 엄마들이 이 병원 저 병원 유명하다는 의사를 찾아다니는 동안에도 나는 병원과 담을 쌓고 살았다.

나도 안다. 치료비 200만 원을 매달 적금으로 부으면 1년에 2,400만 원이고, 5년을 모으면 1억 원이 되는 큰돈이라는 것을. 그러나 아이 발달이 느리다는데 어느 엄마가 손을 놓고 있겠는가. 게다가 나는 아이가 5살이 될 때까지 치료를 시키지 않았으니 뒤늦게 붙은 불이 활활 타올랐다. 그러나 남편의 월급만으로는 아이의 치료비를 감당하기 힘들었다. 대기업에 다닌다고 해도 결국은 월급쟁이다. 그런데 여기서 웃음기 사라지는 대목이 있다. 이 배은망덕한 양반이, 월급 딱딱 갖다 주니 재산이 저절로 불고 있는 줄 아는 게 아닌가! "여보, 우리 지금 모은 돈이 얼마나 돼?"라고 물으며 중간 점검까지 하면서 말이다. 그때마다 우리는 싸움 아닌 싸움을 하고, 점차 남편의 눈치를 보게 되었다. 옷 한 벌 사는 돈도 아끼는 나에게 저런 말을 하는 남편이 야속했다.

이 책을 읽는 독자에게도 묻고 싶다. 당신은 배우자의 월급에 만족하는가? 그렇다면 언제까지 그 돈을 벌 수 있을 거라 생각하는가? 자녀에게 해 주고 싶은 걸 다 해 주면서 넉넉하게 사는 사람이 몇이나 있을까. 그리고 적지도 많지도 않은 그 월급은 길어야 60살이 넘어가면 끊길 것이다. 정말 두려운 건 그 순간이다. 내 교사 연금도 내가 퇴직할 무렵이면 결코 많은 돈이 아닐 것이다. 실제로 20년 후에는 공무원 연금이 국민연금 수준과 비슷해진다고 하니 말이다. 아무튼 나는 남편의 월급과 내 연금만으로는 노후를 풍족하게 보낼 수 없을 것 같다.

그러나 내가 투자한 주식으로 돈을 벌어 외식하는 기분이란! 엄마들이여, 주식은 특별한 게 아니다. 남편이 벌어오는 돈에 기대어 눈치 보며 살지 말고, 부업 하나 한다는 생각으로 주식을 시작하자. 남편이 벌어오는 월급만으로는 원하는 노후를 보낼 수 없다.

부동산보다
주식

　왜 부동산이 아니라 주식일까. 사실 나는 부동산에 올라탈 기회를 세 번이나 놓쳤다. 상승하는 아파트값을 보면서 매 순간 부동산으로 돈을 벌 기회를 놓치고 있다는 생각도 들었다.

　첫 번째 기회는 2012년 12월 결혼을 앞두었을 때였다. 자금도 충분했고 신혼집은 당연 사서 시작해야 한다는 믿음이 있었다. 그러나 남편의 생각은 달랐다. 양도소득세와 보유세 등을 들먹이며 곧 부동산 폭락 장이 온다며 집을 샀다가는 큰 손해를 보게 될 거라 했다. 남편이 모은 돈만으로도 브랜드 아파트의 전세를 얻을 수 있었고, 전세금에 내가 모은 돈까지 합하면 집을 사고도 남을 만큼 여유로웠음에도 사지 않은 것이다. 게다가 큰돈을 쓸 배포도 없었고, 주변에서 집을 사라고 조언해 주는 사람도 없었다. 첫 번째 부동산 매수 적기는 그렇게 지나갔다. 물론, 당시에는 집값이 폭등한 때가 아니라서 집을 사지 않았다고 아쉽지도 않았고, 해외에 나가게 되어 홀가분하기까지 했다.

　두 번째 기회는 2014년 여름, 남편이 해외로 출국하면서 신혼집 전

세금을 돌려받았을 때다. 아이가 있어서 안정적인 주거 환경도 필요했고, 서울에 내 집이 없다는 불안감이 싹트기도 했다. 인터넷으로 매물을 몇 개 찾아보기도 하고, 주말에 남편을 대동해 집을 보러 가기도 했다. 일생일대의 비싼 물건을 구입해야 하는 만큼 가격 대비 살기 좋은 곳을 물색했다. 그렇게 찾은 곳이 도봉구 창동이다. 당시 그 아파트의 최고가는 1억 8,700만 원으로 무척 저렴했다(2021년 9월 기준 그 아파트의 최근 매매 실거래가는 8억 9,700만 원이다). 그러나 남편은 탐탁치 않아 했고, 나도 익숙한 동네가 아니라서 탁상공론으로 끝나고 말았다. 그러다가 우연히 신문에서 목동 아파트 분양 광고를 보았다. 초기에 드는 비용은 1억 원도 되지 않았다. 몇 회에 나누어서 잔금 때까지 총 금액을 납부하면 된다는 표가 있었고, 총액을 합산해 보면 6~7억 원 가까이 되었다. 분양에 대한 개념이 없었기에 중도금, 잔금이 무슨 말인지도 몰랐다. 다만 총 매매가가 어마어마하게 크게만 느껴졌다. 우리에게 3억 원은 있지만 6억 원은 없었다. 빚을 내면 큰일 나는 줄 알았던 이런 무지렁이들이 또 있을까!

세 번째는 해외에 살다가 한국으로 들어온 2016년 겨울이다. 해외에 나갔다 들어온 3년 만에 서울의 아파트값은 2억 원이 넘게 올라 있었다. 지금이라도 사야 하나 고민만 하는 내게 친구는 "야, 오르든 내리든 어차피 못 팔아. 계속 살 집이니까 그냥 사."라고 했다. 최근 아파트를 구매한 친구의 목소리에는 아쉬움과 후회 없이 후련해 보였다. 그러나 내 기준은 2년 전 가격에 머물러 있었다. 지금 사면 오를 대로 오른 가격으로 사는 것 같아 억울하고 손해 보는 것 같았다. 그래서 친구에게 말했다. "야, 나는 이미 몇억이 오른 걸 봐서 차마 이 가격으로는 못 사겠다. 조금 기다렸다가 사야겠어." 부부는 닮는다는 말이 고작 4년을 산 우리 부부에게도 적용되는 걸까. 부동산 폭락 주의자와 함께 살다 보니 내 눈에도 이미 서울의 아파트값은 오를 만큼 올라 보였다. 이 글을 쓰고 있는 지금 이 순간, 타임머신을 타고 그때의 나를 만난다면 손모가지를 잡고 부동산 중개소에 끌고 가 매매 계약서에 도장을 찍어 주고 싶다. 이렇게 행운의 부동산 여신은 요리조리 나를 피해 갔다.

진즉에 내 집을 장만하고 부동산 상승으로 돈을 벌어 보았다면 주식이 아닌 부동산 투자에 빠져들었을까? 2017년 3월, 한국에 들어와 전세살이를 할 때부터 서울의 아파트값은 심상치 않았다. 들썩인다는 말이 이럴 때 쓰는 말 같았다. 자고 일어나면 몇천만 원이 오르고, 한 달이 지나면 몇억 원이 올라 있었다. 실제로 2월에 입주할 때까지만 해도 4억 원 초반 언저리였던 아파트가 몇 달 사이에 5억 원을 넘어 6억 원을 향해 가고 있었다. 그 몇 달 사이에 얼마나 속병이 났는지.

그러던 나도 아파트를 장만했다. 옆집 할머니가 전세 계약 만료를 걱정하고 있는 나를 부추긴 것이다. "내 딸은 대출 받아서 아파트를 세 채나 더 샀어. 저기 앞에 ○○부동산에 가면 매물이 하나 있대. 그거 얼른 가서 사!" 남편은 그제야 처음으로 진지하게 아파트 매수를 고민했다. 그러나 1억 원이 훌쩍 오른 값에 도무지 살 용기가 나지 않아 우리는 주변으로 눈길을 돌렸고, 부동산 여기저기에 전화해 지금 사는 24평 신축보다 싼 30평 대의 구축을 매수했다. 그러나 행운의 부동산 여신은 24평짜리 신축 아파트의 손을 들어 주었다. 내가 매수한 아파트보다 2배 이상 쑥쑥 오르는 신축 아파트를 바라만 보는 심정이란!

그리고 부동산을 매매하면서 나는 부동산 거래가 내 스타일이 아님을 깨달았다. 부동산을 매수하면서 사람을 만나는 일은 정말 피곤했다. 부동산 책에서는 당장 물건을 사고 싶어도 탐탁지 않아 하는 표정으로 당당하게 흥정하라고 했지만 나는 집주인에게 너무도 쉽게 마음을 들켰다. 부동산 중개인과는 중개 수수료로 묘한 신경전을 벌이고, 세입자의 요구 사항을 듣는 것도 조마조마했다. 거기에 취득세와 등기부등본 등 각종 복잡한 용어들이 나를 괴롭혔다. 실제로 나는 계약 날짜만 잡고 이후 모든 복잡하고 번거로운 과정을 남편에게 떠넘겨 버렸다. 사람을 만나서 미묘한 신경전을 벌이며 가격을 절충하는 과정이 나에게 너무 큰 감정 소모를 일으켰다.

반면, 주식은 쿨하다. 계좌 개설에서 매수와 매도까지 사람을 만날 일이 없고 가격을 흥정할 일이 없으니까. 요즘 같이 비대면이 일상화한 시대에 주식은 나와 현대인들에게 딱 맞는 거래 방법이다.

서울대 엄마의 첫 주식 수업

PART 2

고군분투
주식 초보
시절

유료 리딩의 함정

2017년 3월, 드디어 내 명의로 계좌를 개설했다. 직접 증권사 애플리케이션(이하 '앱')을 통해 매매를 할 수 있다는 사실에 들떴다. '어떤 종목을 사~보~올~까?' 슬슬 발동이 걸렸다. 이미 남편을 통해 초심자의 행운을 맛본 터라 손만 대면 수익이 빵빵 터질 거라는 착각에 빠져 있었다.

실상은 말하지 않아도 다들 알 것이다. 한 종목을 사서 마이너스가 되면 '이거 큰일났다.' 하며 눈을 떼지 못했고, 다시 주가가 올라 본전이 되면 혹시라도 다시 떨어질까 봐 되팔았다. 마음고생하며 본전치기만 했다. 그런데 분명 매수한 가격과 같은 값으로 매도했는데 손실이 났다. 수수료 때문이다. 분명히 비대면으로 계좌를 개설하면 수수료가 무료라고 하지 않았는가? 증권사에서 사기를 치나? 주식 투자를 시작한 지 한 달 차 초보였지만 당당하게 증권사 고객센터로 전화를 걸었다. "비대면으로 계좌를 만들면 수수료가 무료라고 했는데 왜 매매 비용이 발생하죠?" 그때 처음 '유관기관 제비용 제외'라는 말을 알았다. 유관기관이란 한국거래소와 예탁결제원 등 자본시장과 금융 투자업에 관한 법률상 관계 기관을 말한다. 그리고 유관기관 제비용이란 이들에게 내는 수수료를 말한다. 증권사 자체에 내는 수수료는 무료여도 한국거래소와 예탁결제원에 내는 수수료는 지불해야 한다는 말이다. '아, 세상에 완전한 공짜는 없구나.'

대략 0.35%가 유관기관 제비용이라고 생각하고, 매수했다가 본전치기라도 하려면 적어도 0.35%의 수익 상태에서 매도해야 한다는 것만 기억하자.

몇 번의 어설픈 매매를 하면서 주식이 생각보다 어렵다는 생각을 할 때였다. 어디서 그렇게 개인 정보가 유출된 건지 주식 관련 광고 문자가 엄청나게 왔다. 평소라면 "Go on my way!"를 외치며 신경 *끄고* 기업 관련 기사를 읽었을 테지만 하도 광고 문구를 보다 보니 문득 궁금해졌다. 인터넷에 뜨는 배너 광고도 자꾸 보니 빠져들었다. '99.9%의 수익률'이라니.

유료 리딩이란 말 그대로 유료로 주식을 이끌어 준다는 말이다. 주식 투자 자문회사에 가입비를 내고 급등 종목을 추천 받는 식이다. 그래서 나는 몇 개의 주식 카페에 들락거리며 추천주로 수익을 봤다는 인증 글들을 읽으며 사기는 아닌지 의심하고 또 의심하며 며칠을 염탐했다. 수익을 인증한 카페 회원의 이전 글까지 샅샅이 뒤져 읽었다. 그랬더니! 그들도 나처럼 막 주식에 입문해 의심의 눈초리를 보내던 시절이 있는 게 아닌가. 그렇다면 이들은 한 패일 리 없다!

나도 어서 수익 인증 파티에 끼고 싶었다. 당장 가입해 하루라도 빨리 수익 대열에 올라타고 싶었다. 유료 리딩 사이트의 홍보 문구는 대강 이러하다. '집에서 뒹굴뒹굴하다가 문자에 따라 사고, 볼일보다가 문자에 따라 팔면 저절로 수익이 난다!' 이 거짓말 같은 이야기를 믿었다. 종목을 추천해 주는 사람이 투자 회사 사람들이니 주식을 나보다 잘하면 잘 했지 못할 리가 없다는 생각마저 들었다. 두려움 반 설렘 반으로 유료 리딩의 세계에 발을 들였다. 곧 첫 문자가 왔다. 딩동!

종목명: ○○○○

매수가: 1,280~1,350원

손절가: 1,150원

음? 매수가 뭔지 손절이 뭔지도 모를 때라 어리둥절했다. '얼마에 사라는 거지? 손절가는 또 뭐야?' 갑자기 멘붕이 왔다. '사라는 대로 사라더니 1,280~1,350원은 뭐야?' 얼마에 사라는 건지 갈피를 잡을 수 없었다. 추천 종목의 호가창을 보니 주가는 이미 매수 범위를 벗어나 올라가 있었다. '아니, 주가가 이 가격에 있지도 않은데 도대체 어떻게 사라는 거지?' 지금은 제시한 매수가의 범위에서 '본인이 알아서 원하는 가격으로' 주문을 하라는 말인 걸 안다. 그러나 주식 초보 시절이었던 당시에는 1,280원으로 사야 할지 1,350원으로 사야 할지조차 결정할 수 없었다. 내가 할 수 있는 영역이 아니었다. 즉시 고객센터에 전화했다. "오늘 처음으로 문자를 받았는데요. 매수가가 범위로 오는데 도대체 무슨 말인지 모르겠어요. 해지하고 싶어요." 다행히 친절한 직원은 가입 당일 해지 요청에도 친절하게 응해 주며 가입 금액 그대로를 환불해 주었다. 돈을 벌기도 전에 애먼 돈을 날리는 줄 알았는데 천만다행이었다.

'유료 리딩이란 게 쉬운 게 아니구나. 다시는 하지 말자!' 결심하던 찰나 또 다른 광고 문자가 왔다. 분명한 광고 문자였다. 그러나 너무도 교묘하게 주식 시황과 전망에 관한 분석이 담겨 있어서 여기는 다를 거라는 생각이 스멀스멀 피어올랐다. 모두가 사실이고 정답 같았으며, 주식은 이렇게 하는 거구나 싶었다. 조심스레 문자의 끄트머리에 있는 상호를 인터넷에 검색했다. 그랬더니 '하라는 대로 했더니 수익이 나더라. 주식 초보도 쉽게 따라 할 수 있더라'라는 블로그 리뷰들이 줄줄이 소시지처럼 나왔다. 정식 홈페이지도 있었다. 대한민국 소비자 만족도 1위! 대한민국 혁신기업 대상! 고객 감동 우수 브랜드 1위! 화려한 수상 실적이 메인 화면에 떡 하니 걸려 있었다. 아, 눈부셔(사기당하기 딱 좋은 팔랑 귀일지 모르겠다)! 그렇게 금융 연구원이라고 되어 있는 국가 산하 연구소와 같은 이미지에 무한 신뢰감을 느끼며 100만 원이 넘는 가입비를 내고는 주식 고수가 된 것 같은 기분에 휩싸였다. 주식을 시작한 지한 달 만에 두 번째 유료 리딩 사이트에 가입한 것이다.

유료 리딩의 결말은 당시 거북이 투자법 카페에 적은 글로 대신하겠다. 참고로 유료 리딩으로 물린 종목은 몇 년간 물타기 하여 겨우 탈출할 수 있었다. 온갖 마음고생은 덤이다.

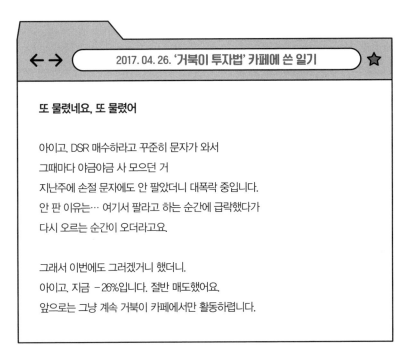

← → **2017. 04. 26. '거북이 투자법' 카페에 쓴 일기** ☆

또 물렸네요, 또 물렸어

아이고. DSR 매수하라고 꾸준히 문자가 와서
그때마다 야금야금 사 모으던 거
지난주에 손절 문자에도 안 팔았더니 대폭락 중입니다.
안 판 이유는… 여기서 팔라고 하는 순간에 급락했다가
다시 오르는 순간이 오더라고요.

그래서 이번에도 그러겠거니 했더니.
아이고. 지금 −26%입니다. 절반 매도했어요.
앞으로는 그냥 계속 거북이 카페에서만 활동하렵니다.

2017. 04. 27. '거북이 투자법' 카페에 쓴 일기

유료 리딩 해지 신청했는데요

13개월 이용 조건으로 119만 원 결제했는데.
한 달 남짓 이용하고 환불 금액이 20만 원 돈이네요. 흠. 그냥 둘까요.

2017. 04. 27. '거북이 투자법' 카페에 쓴 일기

유료 리딩 해지했어요

아직 해지 접수만 한 거라서 계속 문자는 오지만, 엄청 후련하네요!
처음 가입할 때 희망에 부풀었던 게 생각나서 씁쓸하기도 하고요.
오늘 장이 안 좋다지요? 저는 아예 접속도 안 했어요.
아, 뭔가 후련하고 자유인이 된 기분입니다.
묵은지는 자꾸 들춰 보면 안 되죠. 하하.

급등주를 추천하는 유료 리딩

그렇다면 유료 리딩은 무엇이 문제일까? 왜 수익이 나는 종목을 알려주는데도 절대로 하지 말라고 할까. 나도 유료 리딩 시작 후 몇 번은 수익을 냈다. 가입비만큼은 수익을 냈으니 손해 본 건 아니다. 그때의 경험은 이러하다.

우리 부부에게 잠깐 시간적 여유가 있을 때였다. 함께 탁구를 치는데 문자가 왔다. 매수 사인이었다. "얼른 사! 얼른 사!" 당장 증권사 앱을 켜고는 단숨에 추천주를 매수했다. 사자마자 순식간에 치고 올라갔다. 쿵쾅쿵쾅 심장이 요동치는 소리가 귀에까지 들리는 듯했다. "팔아! 팔아!" 다급해진 내가 참지 못하고 말했다. 단 몇 분 만에 수십 만 원의 수익을 남겼다. 우와! 탁구장 한쪽에서 손바닥만 한 핸드폰을 보며 환호했다. 몇 분 후 우리가 매도한 가격보다 더 낮은 가격에 매도하라는 문자가 왔다. 그리고 매도 사인이 오자마자 주가는 곤두박질쳤다. 입이 쩍 벌어지는 경험이었다. 5분도 안 되는 그 짧은 찰나에 돈을 번 것이다. "이야, 이렇게 본전을 뽑는구나." 우리는 흥분을 가라앉히고 다시 탁구를 쳤다. 이런 식이라면 금방 몇천만 원은 벌겠다는 생각에 마음이 들떴다.

그때 또다시 울리는 문자 소리. 딩동! 서로 질세라 핸드폰으로 달려들었다. 이번에도 매수하자마자 주가는 솟구쳤다. 매도 문자가 오기 전에 팔았다. 조금 전에 주가가 곤두박질치는 걸 보았기에 오래 들고 있을 수가 없었다. 팔고 나자 역시나 주가는 요동치다가 내렸갔다. 탁구를 치는 둥 마는 둥 둘 다 핸드폰에 온 성신이 팔렸다.

아들의 하원 시간이 되었다. 그제서야 정신적인 피로감이 몰려왔다. "됐다. 오늘은 여기까지만 하자." 남편도 피곤해 보였다. 그 뒤로 몇 번 더 문자가 왔지만 이제 아이를 돌볼 시간이었다.

2017년 봄은 장이 좋았다. 물 반 고기 반이었던 시절이라고나 할까. 그러나 이 시기에도 작전주는 있었다. 순식간에 주가를 들어 올렸다가 급등 신호를 보고 개미들이 달려들면 물량을 넘겨 버리는 것이다. 개미들은 그렇게 물린다. 유료 리딩의 문제는 바로 이것이다. 기업의 재무 상태를 파악하거나 기업의 미래를 보고 종목을 추천하는 게 아니라 급등할 종목을 추천하는 것이다.

급등하면 당장 수익이 나니 좋은 거 아니냐고 물을 수 있다. 하지만 매수 문자를 받고 앱을 켜느라 1분만 지체되어도 주가는 이미 급등한 상태이다. 수익이 나기는커녕 꼭지에서 물리게 된다. 또한 급등 직전에 매수에 성공했다고 해도 매도 사인에 맞춰 팔지 못하면 주가는 곤두박질쳐 순식간에 마이너스가 된다. 그래서 똑같이 매수 신호를 받아도 누군가는 수익을 남기고 누군가는 손실을 본다.

유료 리딩 가입 후 한 달은 정말 핸드폰에 매달려 살았다. 그러나 매일 그럴 수는 없었다. 매수 문자를 받고 바로 살 수도 없었고, 핸드폰을 보면 이미 매도 문자까지 와 있던 적도 많았다. 뒤늦게 추천 종목을 찾아보면 주가가 급등했다가 급락한 최후 결과만 남아 있을 뿐이었다. 또한, 모든 종목이 수익을 보장하는 건 아니었다. 매수하라고 해서 했는데 주가가 바로 내려간 경우도 있고, 추가 매수 문자에 추가 매수를 했는데 더는 올라가지 않는 경우도 있었다. 며칠이 지나면 또 손절하라고 한다. 이해가 가지 않았다. '너희가 사라고 해서 샀는데 이번에는 손절하라고? 조금만 더 들고 있으면 오를 것 같은데 굳이 지금 팔아야 해?' 그런 식으로 내 주식 계좌에는 비자발적 장기 투자 종목이 쌓여갔다.

이런 롤러코스터를 타고 싶지 않다면, 당신의 순발력이 상위 1%에 드는 게 아니라면 절대로 유료 리딩에 손대지 말자(물론 모든 유료 리딩이 이렇지는 않을 것이다. 그러나 내가 가입한 곳은 급등주와 테마주 위주의 추천이었다. 대선 관련 주가 테마주로 형성될 때는 DSR을 추천 받아 큰 손실을 보기도 했다. 게다가 성격이 급하고 순발력도 뛰어나다고 자부한 나조차 종일 핸드폰만 보고 있을 수는 없었다).

○○ 종목 상담 부탁드려요

8,820원에 매수했고 비중은 3%입니다.

보유 기간은 대략 한 달 정도 되었어요.

유료 리딩에서 추천 받았다가 물려서 질질 끌며 물타기 했는데요.

우와, 어마어마하게 내려가네요.

유료 리딩 후유증?

제가 처음 이 카페에 가입할 때 유료 리딩 중이었거든요.

거기서 물린 거 여기 거북 카페 보면서 존버 존버 조금씩 물타기…

그러다가 급등 나와서 탈출했어요!

그런데 아직도 많아요. 참고로 유료 리딩은 진즉 해지했고요.

속이 다 후련합니다. 거북 카페가 최고예요!

분할 매수, 존버, 비중 관리!

이것만 명심하면 될 것 같습니다.

유료 리딩의
실상

　문자가 도착하고 주식 창을 여는 순간, 이미 주가가 5%가 올라가 있다. 이미 5%나 올랐건만 호가창이 심상치 않다. 차트를 모르는 사람이 봐도 기회라는 생각이 든다. 그러나 망설인다. 그 순간 7~10%가 오른다. 상한가를 칠 느낌이다. 주저할 시간이 없다. 조금 올랐지만, 상한가를 생각하면 이제 시작이다. 당장 시장가로 매수 버튼을 누른다. 바로 13%가 오른다. 역시 잘했다는 생각이 든다. 승리의 축배를 든다. 그런데 주가가 주춤하더니 금세 내 호가보다 내려간다. 어떻게 된 거지? 그나마 다행인 건 아직도 호가창이 멈추지 않았다는 거다. 꿈틀거리고 펄떡이는 호가창을 보고 있자니 마치 사람의 심장 같다. 찰나만 잘 잡으면 한 건 할 수 있을 것 같다. 다시 주가가 회복한다. 희안하게 내 매수가 근처에서 플러스와 마이너스를 왔다갔다한다.

　이쯤 되니 "자, 이래도 안 팔래?"라고 묻는 것 같다. 그래도 절대 안 판다. 몇 주 되지도 않는 내 수량까지 쪽쪽 빨아 상승할 것만 같기 때문이다. 이를 악물고 버틴다. 주가를 움직이는 세력과 줄다리기하는 심정으로 버티고 또 버틴다. '어디 네가 이기나 내가 이기나 해 보자. 나도 한 오기하는 사람이야!' 그러자 순식간에 -10%로 뚝 떨어진다. 때마침 오는 문자. "손절가 도달 전량 매도". 덜컥 겁이 난다. 이게 어떻게 된 걸까? 정말 이대로 주가가 내려가는 건가? 얼른 카페의 종목 토론방에 들어가 분위기를 살핀다.

"애들아, 설거지 끝났다. 세력이 물량 넘기고 떠남. 주포 형님, 여기가 끝입니까?"
"내가 아까 팔라고 할 때 파셨어야죠."

설거지는 뭐지? 종목 토론방이 온통 비관 일색이다. 더 갖고 있다가는 큰 손실을 볼 것 같다. 더 내려가기 전에 처분할 생각으로 다시 호가 창을 보며 적당한 타이밍을 잡아 -8%로 손실을 확정한다. 팔고 나니 -15%로 내려간다. 정말 다행이다. 이제 물렸다고 다들 아우성치겠군. 8% 손해를 봤지만 팔고 나니 속이 시원하다.

그런데 이게 무슨 일이지? 주가가 다시 꿈틀거리며 오르는 게 아닌가! 내가 착각했구나! 이게 바로 그 '털렸다'로 통용되는 상황이구나. 아까 이 악물고 더 버텼어야 했는데. 그러더니 상한가에 도달한다. 상한가에 매수 물량이 켜켜이 쌓인다. 장 마감까지 얼마 안 남았다. 지금 상한가이니 내일도 상한가를 칠 것만 같다. 이제라도 담아야겠다는 생각에 상한가에 다시 매수 주문을 한다. 매수 물량이 많아 내 차례까지 올까 싶지만 체결 성공! 이후 내가 매수한 가격은 다시 오지 않았다.

누구나 주식을 시작하면 겪어 봤을 일이라고 생각한다. 물론 상따(상한가 따라잡기)만 노리는 고수도 있고, 하따(하한가 따라잡기)만 노리는 고수도 있겠지만, 인정하자. 우리는 아무리 주식을 해도 개미라는 사실을. 개미는 큰돈을 가진 세력에게 당할 수밖에 없다. 몇십 억 원에서 몇백 억 원으로 주가를 흔드는 세력도 있다. 그들은 주가가 내려가는 것처럼 보이게끔 주가를 눌러 개미들의 물량을 받고, 개미들의 물량이 어느 정도 나오면 다시 큰돈으로 주가를 올린다. 개미들이 다시 달려들면 그들은 고점에서 남은 물량을 떠넘기고 유유히 떠난다. 개미들이 손실을 볼 수밖에 없는 이유다.

그렇다면 유료 리딩은 왜 이런 종목만 추천하는 걸까? 누군가는 주식 동호회에서 수익을 남기기 위해 개미들을 이용한다고도 한다. 실제로 리딩을 받는 사람이 천 명쯤 되고 한 명당 100만 원씩 투자한다고 치면 10억 원의 돈이 모인다. 그렇게 모인 큰돈이 리딩에 따라 움직이는 것이다. 개미들의 돈이 모여서 세력 역할을 하는 셈이다. 그 세력이 바로 리딩 신호를 보내는 사람들이다. 물론, 모든 유료 리딩이 이런 식으로 운영하는 건 아닐 것이다. 정말로 수익을 낼 만한 종목을 추천하기도 하니까.

그런데 왜 나는 유료 리딩에 실패했는가. 가장 큰 이유는 빠른 수익을 기대하는 욕심 때문이었다. 리딩 사이트에서 스윙 종목이나 장기 매수 종목을 추천하기도 했지만 그렇게 해서 어느 세월에 수익을 보나 싶었다. 생각해 보자. '매수 종목이 10년 뒤에는 1,000%의 수익을 줄 것입니다'라고 한다면 누가 유료 리딩에 가입하겠는가. 이런 의미로 보면 리딩 사이트는 잘못이 없을지 모른다. 그저 성급하게 수익을 원했던 내 욕심이 문제였다. 그래서 말하고 싶다. 당장 내일의 수익을 위해 유료 리딩에 가입하지 말자. 성급한 마음과 욕심은 화를 부를 뿐이다.

뉴스에서 떠들썩한
종목은 거르고 보자

내가 절대로 매수하지 않는 종목이 있다. 바로 뉴스에서 떠들썩한 종목이다. 방탄소년단의 인기로 '빅히트' 상장이 연일 화제였다. 한 주당 공모가가 135,000원에 무려 8조 원이 몰렸다. 언뜻 경쟁이 치열해 1억 원을 넣어야 1주를 배정받을 수 있다는 이야기도 들렸다. 어느 날, 아이 등원을 준비하는데 아는 언니에게서 카카오톡(이하 '카톡')이 왔다. "오늘 빅히트 살 거예요?" 빅히트 상장이 오늘이구나. 언니는 한창 주식을 시작한다며 의지를 불태우던 때였다. 그런 그녀가 단타를 생각하며 빅히트를 산다니. 관심도 없고 뉴스도 제대로 안 본 터라 섣불리 판단할 수는 없지만, 강하게 말리고 싶었다. "저는 화제의 중심에 선 종목은 안 사요. 단타는 너무 심장 쫄리고요. 사지 마세요. 단타 한 번 하면 종일 호가창만 보게 되어 정신 건강에 해로워요. 노."

내가 화제의 중심에 선 종목을 사지 않는 이유는 광고 효과 때문이다. 자주 사용하는 물건의 기업명도 계속 듣다 보면 친숙해지고, 친숙해지면 좋아 보이는 법이다. 주식을 하지 않는 사람도 뉴스에서 연일 떠들어대는 종목이면 수익을 가져다주지 않을까 싶어진다. 그래서 끝물에 가서야 너도나도 기대 심리에 휩싸여 매수를 감행한다. 기업의 가치에 비해 거품이 끼는 이유다. 빅히트 주식도 방탄소년단에 대한 기대감에서 출발했으리라. 그러나 명심하자. 주가는 인기로 결정되지 않는다. 실제로 상장 당일 351,000원까지 올라갔던 빅히트의 주식은 −46.72%인 258,000원으로 마감했다. 공모 청약을 통해 배정받았다면 수익이 났겠지만, 상장된 주식의 주가가 인기로 결정되는 게 아닌 것만은 확실하다.

이 외에 절대로 하지 않는 종목들이 있다. 따라 사면 저절로 수익이 날 것 같은 종목들이다. '셀트리온, 셀트리온제약, 셀트리온헬스케어' 같은 셀트리온 3형제라 불리는 주식이 여기에 해당한다. 실제로 주식 카페에서 사람들의 입에 가장 많이 오르내리는 종목이다. "셀트리온헬스케어 앞으로 더 빠질까요…", "셀트리온 안 사길 잘했네요.", "셀트리온 자이로드롭 저리 가라네요.", "셀트리온헬스케어 그동안 오른 거 다 빠지네요."라는 말이 그것이다. 제목만 봐도 내가 셀트리온 주가의 롤러코스터를 견딜 수 있었을까 싶다.

무엇보다 이미 떠들썩할 때 알게 된 종목이라면 꼭지에서 올라탈 가능성이 크다. 화제가 되었다는 건 주가가 그만큼 단기간에 올랐다는 의미일 테고, 이미 오를 만큼 올랐다는 이야기이다. 그래서 나는 화제의 중심에 오른 종목은 검색도 하지 않는다. 검색하다 보면 더 오를 것만 같고 뇌동 매매하는 실수를 범할 수 있기 때문이다. 아무리 건실한 종목이라도 인기가 많은 종목은 하고 싶지 않다. 아마 셀트리온 주식으로 돈을 번 사람은 셀트리온이 관심을 받지 못했던 시기에 가치를 알아보고 투자한 사람들일 것이다. 이렇게 생각하면 간단하다. "나는 소문의 끝자락이다." 아이를 키우고 출근하느라 핸드폰 한 번 만질 틈 없는 내가 알게 된 것은 이미 만인이 알고 있는 소식이다. 그러니 내가 알았을 때는 떠난 버스라고 생각하자.

반대로 내가 가지고 있는 종목이 갑자기 화제에 놓이는 순간도 있다. O 종목이 그러했다. 2018년 5월 29일부터 매수를 시작했고 첫 매수가는 3,415원이었다. 주가는 계속 지지부진했고, 철저한 소외주였다. 1,250원까지 내려간 적도 있으며, 최종 매도한 2020년 8월 27일에 평단가는 2,460원이었다. 2년을 매수했고, 급등할 때는 일부 매도하기도 하며 비중을 조절했다. 정말 질기게 버텼다. 그러다가 잠시 상승하더니 결국 하락세로 들어서 남은 수량은 전부 매도했다. 그런데 이후 이 종목은 갑자기 2배가 올라 실시간 주식 순위에 오르게 된다. 카페에 그토록 외롭게 O 종목 보유자를 찾는 글에는 아무도 응답하지 않더니, 주가가 2배나 올라 4,500원 선에 머물자 이제 막 주식을 시작하는 사람들도 언급하는 종목이 된 것이다. 그러나 다시 매수하지는 않았다. 화제가 되었다는 말은 단시간에 급등한 종목이라는 이야기이고, 단기간 급등했다는 건 원점으로 돌아갈 수도 있고 더 오를 수도 있는 도박과 같은 종목이 되었다는 말이기 때문이다. 주식으로 도박을 할 필요는 없다. 편안하고 안정적으로 매수할 방법은 얼마든지 있다.

기억하자. 화제의 중심에 섰다는 건 단기간 급등한 것! 폭탄 돌리기의 정점에 서게 될 지도 모른다는 것! 화제에 동참하고 싶다면 폭탄이 터져도 괜찮을 각오로 매수할 것! 실제로 한창 화제일 때 사서 "○ 종목 손절했어요.", "○ 종목 얼마나 더 버텨야 하나요? 다시 오를까요?"라며 울부짖는 경우를 보았다. 뉴스 따라 사다가 여러 번 망할 수 있다.

서울대 엄마의 첫 주식 수업

적자가 나는 종목을 사는 순간, 적자 인생이 시작된다

무식하면 용감하다고 했던가. 주식 초보 시절 재무제표가 빨간 불로 뒤덮인 종목을 매수한 적이 있다. 바로 '대한전선'. 200만 원으로 시작한 주식 투자금을 2,000만 원으로 늘리고 기세등등하게 종목을 물색할 때였다. 대한전선 주식이 내 시야에 들어온 건 1,800원이라는 싼 가격 때문이었다. 기업명도 들어 본 적이 있으며, 인터넷에 찾아보니 해외에 수주하고 있다는 기사도 있었다. 적자 중이었지만 그래도 해외에 수주하고 있으니 망하지는 않겠지 싶었다. '대한전선인데. 여기가 망하면 우리나라 전선은 누가 설치해?' 이런 오만방자한 생각은 주식 초보의 특권이다. 대한전선보다 LS전선이 전선 업계 1위라는 걸 모르고 호기롭게 대한전선에 2,000만 원을 모두 투자했다. −5%만 되어도 어찌나 심장이 떨리던지. 한방에 매수해 놓고는 손실의 원인을 투자금 부족으로 돌렸다. '마이너스가 났을 때 더 매수해야 하는데…'라며 집안 말아먹을 생각을 하고 있었다. 그러나 거기에서 멈추었다. 대출까지 받아 돈을 더 넣었더라면 상상만으로도 아찔하다. 결과적으로 주가는 계속 내려

갔고 200만 원의 손실을 보고 매도했다. 매도한 뒤 주가는 더 곤두박
질쳤다.

　재무제표를 분석하면 적자인지 아닌지 알 수 있다. 그러나 재무제표
에 대해 잘 몰라도 괜찮다. 대신 네이버에 종목 명을 검색하면 '증권정
보'가 나온다. 거기에 들어가서 '종합정보' 항목에서 '기업실적분석' 표
를 보면 된다. 여기에서 빨간 숫자만 없으면 된다. '아이고, 이 아줌마 집
안 말아먹을 생각하네. 그렇게 주식을 하다니.'라고 주식 고수들이 비웃
을지 모르겠다.

　주식을 거창하게 생각할 필요 없다. 하지 않는 것보다 하는 것이 낫
고, 복잡한 것보다 단순한 게 답이 될 때도 있다. 몇 억 원짜리 집을 사
는 일이 아니다. 많은 사람들이 주식을 막연히 어렵다고 여기는데, 적금
에 가입할 때를 생각해 보자. 금리 정도만 따지지 해당 은행의 자산 가
치와 당기순이익을 따지지 않는다. 주식도 그렇게 하면 된다. 굳이 재무
제표를 전문가의 영역까지 알아야만 할 수 있는 건 아니다. '적자 기업
은 피한다.'라는 단순한 원칙만 지키면 된다. 빨간색 숫자만 피하면 되
는 것이다.

　그런데 재무제표에 빨간 글씨가 하나도 없음에도 갑자기 적자가 나
는 경우가 있다. 원인은 업황 부진이나 코로나19와 같은 대외 변수 등
다양하다. 그래서 하나만 더 언급하고자 한다. 유보율. 유보란 사전적으

로 '어떤 일을 당장 처리하지 아니하고 나중으로 미루어 둠'이며 주식 시장에서의 유보율이란 현금을 유보하는 걸 말한다. 직관적으로 이해하자면, 유보율이 높다는 건 기업에 쌓아 둔 현금이 많다는 걸 의미한다. 부자는 망해도 삼대는 간다는 말처럼 유보율이 높은 기업은 적자가 나도 몇 년은 버틸 수 있다는 말이다. 그렇게 버티다가 흑자가 나면 된다. 자, 기억하자. 유보율이 높으면 회사에 현금이 많다!

그렇다면 유보율이 높다는 기준은 무엇일까. 어디에서는 5,000% 이상은 되어야 한다고 하고, 어디에서는 1,000% 이상, 어디에서는 3년간 500% 이상은 되어야 한다고 한다. 그 외에는 별 언급이 없다. 여기서 유보율 100%라는 의미는 자본금이 100억 원인 회사가 100억 원을 현금으로 보유하고 있다는 뜻이다. 자본금을 사업 밑천이라고 쉽게 생각했을 때 100%라는 말은 1년간의 사업 밑천이 있다고 볼 수 있다. 그렇다면 갑자기 불어 닥친 업황 부진을 견디려면 몇 년 정도면 될까? 내가 보았을 땐 5년이나 넉넉하게 잡아 10년이라고 본다. 적자가 나다가 흑자로 전환하며 주가가 큰 폭으로 상승하는 경우도 있다. 이러한 기대감으로 적자일 때부터 매수를 시작해 흑자로 전환할 때 기업의 과실을 함께 나누어 먹는 것도 방법일 수 있다. 물론, 적자 기업에 투자해 인고의 시간을 보내기보다 처음부터 돈을 잘 벌고 있는 기업에 밥숟가락 올리는 게 정신 건강에 좋다. 그래서 적자 종목에는 투자하지 않으며, 유보율이 1,000% 이상인 종목을 고른다.

실제로 이익을 내고 있는 종목에 투자했다가 갑자기 적자가 나서 당황한 적이 있다. 그중 하나가 '쎌바이오텍'이다. 쎌바이오텍은 대표적인 다국적 기업 A 사에 유산균을 납품하며 이익이 크게 증가한 회사다. 그러나 유산균 납품 계약이 종료되며 적자가 났고, 주가는 하향 곡선을 그렸다. 이런 상황에도 내가 안심하고 버틸 수 있었던 건 유보율 때문이었다. 물론 유보율이 높은데 적자 상황이었다면 투자하지도 않았을 것이다. 이익이 나고 있는 종목은 많다. 애써 적자인 종목에 투자할 이유는 없다.

☑ TIP

재무제표 보는 법

매출액은 총 벌어들이는 돈이라고 생각하면 된다. '매출액 – 매출 원가–(관리비+판매비)=영업 이익'이라고 정리할 수 있는데, 쉽게 말해 총 번 돈에서 쓴 돈을 뺐다고 생각하면 된다. 예를 들어, 치킨집을 운영하는데 치킨 한 마리당 2만 원이라고 생각해 보자. 2만 원짜리 치킨을 10마리 팔면 매출액은 20만 원이다. 이때, 단순하게 생각해 생닭 한 마리가 5천 원이면 5만 원이 매출 원가가 되고, 15만 원을 영업 이익이라고 생각하면 된다(아주 단순화한 공식이다. 실제로는 관리비와 판매비, 원가 등을 꼼꼼히 따져야 하지만 내 책은 재무제표 책이 아니니 이것만 기억해 달라).

당기순이익이라는 말을 알기 전에 우선 '당기'라는 말부터 이해하자. 나는 수학 교사로서 어려운 용어를 쉽게 풀어 설명하기를 좋아하는데, 내 식대로 말하자면 당기를 '해당 기간'이라 표현하고 싶다. 2019년의 연간 실적이라고 하면 2019년 1월 1일부터 2019년 12월 31일까지의 실적을 말한다. 또한, 분기는 1년을 네 번 나눈 것이므로 1~3월이 1분기, 4~6월이 2분기가 된다. 즉, 2019년의 1분기 당기순이익이란 2019년 1월 1일부터 2019년 3월 31일까지의 순이익을 말한다.

그렇다면 순이익이란 무엇인가? 느껴지는 대로 말하자면 순수한 이익이다. '당기순이익=영업 수익–영업비용(매출원가, 판매비, 관리비 등)+기타 손익+금융 손익–법인세 비용'으로 생각할 수 있지만, 그냥 치킨집 운영에 빗대어 위에서 배운 영업 이익에서 월세와 각종 추가 비용을 다 빼고 실제 내 지갑에 떨어져 남는 이익이라 보면 된다. 영업 이익에서 뺀다고 생각할 것도 없이 그냥 '월세 내고, 아르바이트 비용 주고, 전기세와 수도세, 생닭 비용 다 내고 남긴 이익'이라고 보면 된다.

자, 이렇게 우리는 재무제표에서 매출액과 영업 이익, 당기순이익에 대한 감을 잡았다. 그렇다면 많이 남는 게 좋을까 적게 남는 게 좋을까? 당연히 이익이 많을수록 좋다. 그런데 이때 하나 더 고려해야 할 점이 있다. 내가 매달 200만 원의 순이익을 남긴다고 해 보자. 1,000만 원을 투자해서 200만 원의 순이익을 남기는 것과

1억 원을 투자해서 200만 원의 순이익을 남기는 것 중 어느 것이 더 남는 장사일까? 이를 알 수 있는 것이 바로 'ROE(자기자본이익률)'이다. 그리고 나는 여기까지는 고려하지 않는다. 많은 투자자가 PER(주가수익비율)과 PBR(주가순자산비율)을 따지지만, 내 삶은 그리 녹록하지 않고 나는 부지런하지 않다. 이런 걸 계산하기에는(물론 아주 중요한 계산이겠지만) 다달이 나가는 아이 치료비와 카드값, 남편의 월급과 내 주식 수익을 계산하는 하루도 버겁다.

테마주에는
절대로 손대지 마라

네이버 지식백과에 따르면 테마주를 '증권 시장에 큰 영향을 주는 일이 발생할 때 이에 따라 움직이는 종목군'으로 정의한다. 즉, 정치·사회·경제적 이슈의 영향으로 회사의 가치와 상관없이 단순한 기대 심리로 주가가 따라 올라가는 것을 말한다. 대선 테마주와 코로나 테마주, 남북경제 협력주, 대북 테마주 등이 여기에 해당한다.

2017년 대선이 있던 해에는 대통령 후보의 학연, 지연 등의 연결고리를 찾아 대선 테마주가 인기였다. 한 예로 안철수 후보의 컴퓨터 바이러스 백신 회사인 안랩의 주가는 크게 올랐다.

2018년에는 남북정상회담으로 현대건설, 현대엘리베이터 등의 대북 테마주가 움직였으며, 2020년에는 코로나19로 인해 마스크와 손 소독제, 의약 관련주가 테마주로 떠올랐다.

테마주가 얼마나 무서운지 살펴보자. 아래 그림1에서 보듯이 2017

년 2월 말 64,900원으로 마감한 주가는 2017년 3월 31일 한 달 사이에 149,000원으로 급등했다. 10~25%의 주가 상승률을 보고 있자면 누구나 당장이라도 뛰어들고 싶어했을 것이다. 그러나 그 위엄은 오래 가지 않았다. 3월 31일을 정점으로 한 달 반 사이에 55,100원으로 내려앉은 것이다.

사람의 심리가 그렇다. 주가가 한 번 급등할 때는 다시 떨어질 것 같아 매수하지 못하다가 주가 상승이 연이어 계속되면 더 오를 거라는 기대감에 꼭지에서 매수하게 된다. 149,000원의 주가가 찍혀 있다는 건 이 가격으로 거래가 되었다는 뜻이다. 149,000원에 산 주식이 한 달

:: 그림1. 안랩의 2017년 2~5월의 차트 ::

반 사이에 55,100원이 되었다고 생각해 보라. 대략만 계산해도 1/3 가격이다. 100만 원어치를 사면 35만 원 정도가 된다. 큰돈을 넣은 사람은 그만큼 손실도 컸을 것이다.

2017년 대선을 앞두고 리딩 사이트에서 DSR을 추천해 줬는데, 이는 대선 테마주 중 하나였다. DSR제강 대표 이사가 유력 대선 후보와 같은 고등학교 출신으로 알려지면서 대선 테마주로 편입된 것이다. 참 황당한 연결고리다. 같은 고등학교 출신이 어디 한두 명이겠는가. 동문이라는 사실이 기업의 이익이랑 무슨 상관이라고 기업의 주가가 급등하는지 알 수가 없다. 그러나 테마주로 이익을 본 경험이 있는 사람은 테마주 위주로 주식 투자를 하게 된다. 아주 짧은 시간에 손쉽게 이익을 얻을 수 있다는 기대감으로 매수하는 것이다.

나도 DSR을 4월 11일에 처음 매수했다. 매수하고서야 대선 테마주라는 걸 알았으며 내가 매수하자 바로 손실이 났다. 그러나 리딩 사이트에서는 며칠 뒤 추가 매수하라는 문자가 왔다. 불안했지만 다 생각이 있어서 이리 문자가 오는 거겠지 하며 추가 매수를 했다. 대통령 선거까지는 한 달이 더 남았고, 관련 후보의 지지도가 올라가고 있으므로 한 번 더 주가가 뛰지 않을까 싶었기 때문이다. 그런데 며칠 뒤 손절 문자가 왔다. "추가 매수하라더니 손절하라고?" 손절은 생각보다 쉽지 않다. 손실을 만회하기 위해 나는 한 번 더 추가 매수를 했다. 그러다가 6월 22일, 도저히 회복이 불가능하다고 판단하여 −51.16%의 손익률로 최종 매도했다. 총 2,248,500원을 매입하고, 764,966원을 손해 보았다.

DSR의 최고 정점은 3월 27일의 20,150원이었다.

리딩 사이트는 왜 이런 종목을 추천하는 걸까? 지금이라면 쳐다보지도 않을 테마주를 그때는 왜 그리 열심히 매수했을까? 그때 나는 주식에 입문한 지 한 달도 안 된 햇병아리였다. 테마주가 뭔지 그때 배웠다. 그리고 지금은 당시의 차트를 보며 '어쩌면 세력들이 보유한 물량을 털기 위해 추천수로 보낸 건 아닐까' 하고 짐작해 본다. 아무튼 나는 DSR 테마주로 손해를 보았으며 20,150원이라는 가격은 다시 오지 않았다. 이런데도 테마주를 사고 싶은가? 단기간에 수익을 남기려다 순식간에 골로 가는 게 테마주다. 특히 당신이 주식 초보라면 절대로 절대로 테마주는 하지 말자. 테마주가 아니어도 싸고 이익을 주는 좋은 주식은 얼마든지 있다.

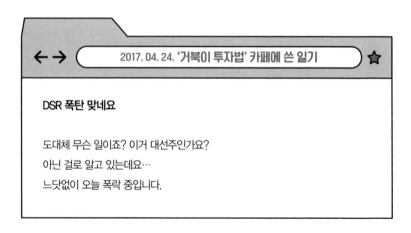

← →　⟨ 2017. 04. 24. '거북이 투자법' 카페에 쓴 일기 ⟩　☆

DSR 폭탄 맞네요

도대체 무슨 일이죠? 이거 대선주인가요?
아닌 걸로 알고 있는데요…
느닷없이 오늘 폭락 중입니다.

　　　　　　　　　서울대 엄마의 첫 주식 수업

난리가 났네요

어휴, 난리가 났네요.
사실 저는 유료 리딩을 받는 중입니다.
가입비는 벌었는데, 그 뒤로 족족 물리기 시작이에요.
수익이 난 종목도 있긴 한데
그런 건 순식간에 폭등해서 매수하지도 못하고 있어요.

DSR도 추천 종목이었습니다.
지난주 수요일까지도 매수하라는 사인이 왔는데,
금요일에 느닷없이 손절 사인 오더니 오늘 완전 폭락이네요.

기업 대표에 대한
뉴스가 많은 종목을 피하라

기업 대표의 노출이 많은 종목은 무엇이 있을까? 단연코 1등은 삼성전자다. 이재용 부회장에 대한 뉴스는 정말 빈도수가 높다. 그 외에 SK의 최태원 회장, LG의 구광모 회장 언급도 많다. 대한민국을 대표하는 기업의 오너에 대한 뉴스가 많은 이유는 그들의 행보가 곧 수익과 연결되기 때문이다. 그러나 나는 잘 알려지지는 않았지만 알찬 중소기업의 주식 위주로 투자하는 편이다. 내가 사는 주식의 기업 오너가 뉴스에 오르내리는 일은 많지 않다. 그래서 나는 한 번씩 인터넷에 내가 투자하는 기업에 대해 검색을 해 본다. 그 뉴스는 MOA 체결을 했다거나 특허 신청을 했다는 좋은 소식일 때도 있고, 적자로 전환했다는 안 좋은 소식일 때도 있다.

그런데 내가 2017년도부터 투자한 B 종목의 뉴스는 조금 달랐다. B 종목 역시 유료 리딩 추천주 중 하나였는데, 대한전선을 매수하고 크게 손실을 본 아픔이 있던 터라 간이 콩알만 해져서 어떤 종목이든 소량씩 매수하는 습관을 지닌 때였다. 큰 욕심 안 부리고 나는 이 B 종목을 소량 매수했다. 매수 이후 주가는 꾸준히 내림세였지만 그래도 계속 소량씩 매수하며 관심을 놓지 않았다. 그런데 희안한 건 인터넷에 검색해 보면 기업 대표에 대한 뉴스가 꾸준히 나오는 다는 사실이었다. 부정적으로? 아니다. 오히려 기업 대표가 책을 출간한다거나 강의를 한다는 좋은 뉴스였다. '강의도 하고 얼굴 노출이 많은 사람이니 사기는 안 치겠군. 이런 대표가 운영하는 기업이라면 믿을 만하겠어.'라고 생각했다. 단 하나 불안한 게 있다면 기업에 대한 뉴스는 보이지 않는다는 점이었다. 딱 하나 발견하긴 했다. 중국에 세우려던 공장 건설이 중단되었다는 오래된 뉴스였다. 2017년 우리나라는 사드 배치 문제로 중국과 정치적으로 예민한 데다, 중국이 한류 금지령을 내려 우리나라 기업의 피해가 늘어나던 시기이기도 했다. B 기업도 이에 대한 손실을 피할 수 없었을 것이다. 그러나 정치적인 상황으로 모든 걸 판단할 수는 없었다. 다른 기업도 모두 겪는 일이고 정치적 이슈로 인한 일시적 주가 하락은 부지기수이기 때문이다. 노블레스 오블리주 이미지인 이부진 대표의 호텔신라도 한류 금지령의 여파를 피하지 못했으니 중소기업인들 별수 있을까. 그런데 문득, B 기업의 대표는 왜 자꾸 책을 출간하고 강의하는 내용의 뉴스를 띄우는지 궁금해졌다. 마치 "우리 기업은 건실해요. 우리 대표는 믿을 만한 사람이에요."라고 말하려는 듯이 말이다. '열심히 일하다 보면 저절로 좋은 기업으로 인정받을 텐데 왜 대표의 이미지를 포장해 기업 이미지를 좋게 만드는 걸까? 게다가 이렇게 회사가 중국 공장 건설이 중단된 상황에 책을 출간한다고?' 이런 생각이 꼬리에 꼬리를 물자 나는 빨리 B 종목에서 빠져나와야겠다는 생각이 들었다. 그래서 나는 주가가 내려갈 때마다 추가 매수를 감행해 평단가를 떨어뜨리며 때를 노렸고 −25%에 가까웠던 주식이 한순간에 튀어 오른 날 (작전주는 이렇게 급등하는 날이 온다) 1%의 수익으로 처분해 버렸다. 인고한 시간이 아까워 남겨 둔 300만 원도 다음 날 또 한 번 상한가를 쳤을 때 다 팔아 버렸다. 이쯤 되면 아까운 생각이 든다. 하루만 더 들고 있었으면 큰 수익이 났을 텐데 싶은 것이다. 그러나 그 종목이 어찌 되었는지 아는가. 대표는 주가 조작으로 구속되고 종목은 상장 폐지되었다. 이 경험으로 나는 기업의 뉴스가 아닌 대표의 뉴스가 포장되어 나온다면 피해야 한다는 걸 배웠다. 물론, 재벌 기업은 예외다.

← → **2017. 10. 31. '거북이 투자법' 카페에 쓴 일기** ☆

저 오늘 상한가 먹었어요. 로또 맞음!

진심 눈물의 B 종목입니다. 한 번씩 이상한 공시 띄워서 주가 올렸다가 주저앉길래 물타서 빼내려고 했는데 비중이 너무 커졌어요. 실컷 물탄 후 −29%까지 갔는데 조금씩 올라서 비중 축소 아주 조금 하고, 어제 −24%까지 올랐더라고요. 그런데 오늘 아침에 보니까 들썩들썩, 결국 +2%에서 +3% 될 때 비중 축소하고 상한가에 1/4 정도 매도 걸어 둔 거 성공했어요. 대박이에요. 300만 원은 남겨 뒀는데 총 손익률 +0.3% 왔다가 다시 하락했네요. 저 요즘 매일 폭죽 터져요. 감동입니다. 앞으로 B 종목은 쳐다보기도 싫어요. 근 5개월 지켜봤는데 정말 대단한 작전주라는 생각입니다.

한방에 매수하다가는
지옥을 경험할 것이다

집중 매수로 성공하는 사람도 있다. 그러나 이는 차트의 고수이거나 주가의 저점을 정확히 집어내는 사람이 아닐까. 나는 확신을 갖고 투자금을 많이 넣는 것을 집중 매수, 확신 없이 자신의 감만 믿고 투자금을 많이 넣는 것을 한방 매수라고 하고 싶다. 그리고 한방 매수에 대한 사례는 남편의 이야기로 대체하고자 한다. 이 글을 읽고 한방 매수를 할지 말지 결정하길 바란다.

2019. 01. 13. '거북이 투자법' 카페에 쓴 일기

답 없는 남편의 계좌

일단 이야기를 시작하기 전에, 제 남편은 자상하고 성실한 사람임을 밝힙니다. 그리고 저는 남편을 엄청나게 사랑합니다. 그러니 남편 욕 반사!

작년부터 쭉 남편의 주식과 로또 이야기를 간간이 했는데요. 한 집 건너 있다는 바로 그 주식계의 고수가 우리 집에도 있습니다. "내가 사면 떨어지고 내가 팔면 오른다." 라는 꼭지와 바닥을 신의 계시처럼 정확히 집어내는 바로 그 고수 말이죠. 그래서 지난주에 제가 남편의 계좌를 넘겨받는데, 오늘 또 남편에게서 고수의 스멜이 나더라고요? 한창때죠. 대북주 난리일 때 1,000만 원을 덜컥 줬는데 손절 몇 번으로 반 토막을 냈더라고요. 남은 종목마저 반 토막 난 상황이고요. '한일현대시멘트' 종목입니다.

평단가를 잘 보세요. 기가 막힙니다. 어떻게 저런 평단가가 나올 수 있죠? 주식 매매 일지를 뒤져 볼 필요도 없이 피뢰침 꼭대기에서 매수했음을 알 수 있죠.

서울대 엄마의 첫 주식 수업

이번에는 '오르비텍'입니다. 도대체 어디에서 이런 정보를 듣고 매수하는 걸까요? 압니다. 한때 핫한 종목이었다는 걸요. 그러니 남편이 샀겠죠.

역시 평단가에 주목해 봅시다. 9,700원. 이 평단만 봐도 알 수 있습니다. 한방에 매수! 십 원 단위로조차 쪼개지지 않는 완벽한 한방 매수!

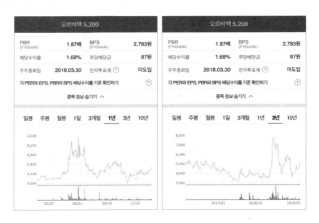

주가 등락을 볼까요. 빵 터집니다. 이 초록색 등락폭에서 9,500원에 닿지도 않아요. 이날 윗꼬리 매수를 했음을 알 수 있습니다. 기존 보유자가 던질 때 윗꼬리에서 상한가 갈 거라며 매수한 사람이 누군가는 있겠죠. 네. 저희 집에 있는 사람이요.

2021. 07. 30. '거북이 투자법' 카페에 쓴 일기

남편이 싼 똥 다 치워갑니다

since 2018년 대북주는
'현대건설, 한일현대시멘트, 현대엘리베이터, 오르비텍, 대아티아이'입니다.
저흰 이제 현대엘리베이터만 정산 직전입니다.
2019년 1월에 남편 계좌 넘겨받아서 2년 넘게 똥 치웠네요.
해결해 주겠다는 약속을 드디어 지켰어요.

 2018 .06. 17. '거북이 투자법' 카페에 쓴 일기

조만간 부동산도 폭락하겠네요(농담)

기억하실지 모르겠지만, 제 남편은 "내가 사면 떨어지고 내가 팔면 떨어진다."의 그 주식계의 고수이자 한창 잘 나가던 비트코인에 투자하자고 말을 꺼낸 사람입니다. 그 말을 꺼내자마자 비트코인 신규 가입 금지 기사가 뜨더라고요?

이건 뒤늦게 발견한 건데요…
제가 1월에 오랫동안 물려 있던 종목의 본전을 찾고 +2%를 넘길 무렵, 남편에게 그 종목을 자랑했죠.
그러자 남편 왈, "그럼 한방에 매수해!"
그리고 지금 그 주식은 폭락에 폭락을 거듭해 지금 −33%입니다.
부동산도 마찬가지예요.
지난 5년간 부동산 부동산 노래를 불러도 귓등으로 안 듣던 남편이 올해부터 부동산에 관심을 보이기 시작하더니 요즘은 부동산 검색하느라 밤늦게 자요.
이제 부동산도 폭락할 거예요…(농담입니다).

종목과 사랑에
빠지지 마라

　카페의 종목 토론방에는 재미있는 글이 아주 많다. 급등하는 종목이 생기거나 주가가 하락하면 게시판은 소문난 잔치판과 다름없다. "어떡해요. 물렸어요."라는 푸념부터 "그렇게 내가 팔지 말라고 했잖아요."와 같은 핀잔이 난무하는 것이다. 반면 주가에 변화가 없으면 절간처럼 조용하거나, 주가 변동이 너무 없어 지친 주주들의 악담이 올라온다. "대표가 일을 안 한다. 대표가 제 일을 못 한다."라는 말 등이다. 그런데 내가 소유한 주식에 대한 악담을 볼 때면 마음이 아프다. 물론 나도 주주이기 때문에 주가가 지지부진하면 답답하고 화가 날 때도 있다. 그러나 악담을 보고 있으면 부정적인 기운이 들러붙을까 봐 조마조마해진다. 부정적인 말은 부정적인 기운을 불러오는 법이므로 소유한 주식에 악담을 퍼붓기보다 '어려운 시기를 잘 이겨내리라 믿는다'라고 말하는 편이 낫지 않을까.

　그러나 절대 하지 말아야 할 게 있다. 종목을 내 자식처럼 애지중지

하되 절대 사랑에 빠지지 않는 것이다. 주가가 안 올라서 욕이 나올 것 같은데 무슨 사랑에 빠지냐고 반문하는 사람도 있을 것이다. 나도 그랬다. 주가가 지지부진하면 도대체 대표는 일을 하는 건지 싶고, 본전만 찾으면 바로 팔아 버리겠다고 마음먹기도 했다. 이런데도 종목과 사랑에 빠지지 말라니?

인간은 대체로 낙관적인 시각을 갖고 있다. 그래서 보유한 주식이 지지부진하든 급등하든 그냥 관심을 둔다. 뉴스도 검색해 보고, 기업 홈페이지를 들락거리기도 하며 기업명이 적힌 상표만 봐도 반갑다. 이렇게 지내다 보면 정이 든다. 미운 정도 정이라서 몇 년간 보유한 종목이면 더할 것도 없다. 문제는 보유한 기업의 악재에 대한 뉴스가 나와도 '내 종목은 잘 이겨낼 수 있어.'라는 대책 없는 희망을 품는 일이다. 나 역시 사랑에 빠진 종목이 있다(사랑에 빠지면 안 된다는 건 사랑에 빠지고 나서야 깨달았다). 분명히 상승할 거라는 착각, 치고 올라갈 거라는 착각, 너만은 나를 배신하지 않을 거라는 착각, 나에게 큰 수익을 가져다줄 것이라는 착각에 빠지게 한 종목은 바로 '브리지텍'이다.

브리지텍은 리딩 사이트에서 추천 받아 샀는데, 실제로 다른 종목은 다 탈출했음에도 5년이 되도록 탈출하지 못한 종목이자 내 주식 인생과 함께하는 종목이 되었다. 나는 브리지텍을 1만 원대 고점을 찍고 하락할 즈음 8,000원의 고가에 샀다. 주식 초보인 내가 뭘 알겠는가. '1만 원도 갔고 지금 8,000원까지 내려왔으니 다시 오르겠네.' 싶었다. 무엇보다 브리지텍은 적자가 나지 않았고 심지어 배당도 주는 종목이었다. 그런데 브리지텍은 점점 하락하기 시작해 6,000원까지 내려갔다. 주가가 내려가자 나는 불안해서 인터넷에 브리지텍을 검색해 보았다. 악재는 없었다. 오히려 각종 공기업과 계약을 체결했다는 공시 정보가 올라와 브리지텍이 망하면 계약한 공기업이 곤란하겠다 싶었다. 그러던 중 솔깃한 정보를 들었다. 2018년 2월, 평창 동계올림픽에서 브리지텍이 미래창조과학부 주관으로 시범 서비스하는 AI 콜센터 사업에 참여한다는 것이다! 세상에 이런 희소식이. 작은 동네 가게와 계약한다고 해도 호재일 판에 세계로 뻗어 나간다니! 나는 부자가 되는 비결이라도 알아낸 마냥 설레고 사람들이 알까 봐 조마조마하기까지 했다. 나는 이미 비중이 커질 대로 커진 브리지텍의 수익을 혼자 계산해 보았다. '10%가 되면 얼마지? 아니야. 더 오를 거야. 2만 원까지 오르면 도대체 얼마야?' 2017년 겨울은 이렇게 참담한 수익률에 비해 설레는 나날을 보냈다. 그리고 정말로 브리지텍은 1월에 상승세로 돌아섰다! 열심히 물타기하며 평단가를 떨어뜨린 나에게 탈출의 기회가 온 것이다.

그러나 당시 나는 이 종목에 콩깍지가 단단히 씐 상태였다. 평창 동계올림픽에 대한 기대감에 욕심이 났고, 2%의 수익이 난 상태였지만 여기서 끝나지 않을 거라는 확신에 아주 소량만 간 보듯 팔았다. 그날이 1월 25일이다. 그러고는 1월 29일 6,550원을 끝으로 다시는 오르지 않았다. 그러나 나는 이때도 처분하지 않았다. 여전히 다양한 기업과 계약을 체결하는 뉴스가 있었고, 적자지만 배당을 준다는 소식 때문이었다. 대표는 제외한 차등 배당! 무슨 이런 양심적인 대표가 다 있나 싶었다. 그때 나는 이 기업과 동고동락하기로 했다. 그리고 4년이 지난 지금까지도 이 종목을 탈출하지 못한 채 물타기도 못 하고 있다. 나는 깨달았다. 종목과 사랑에 빠지면 안 된다는 것을. 아무리 그 종목이 건실해 보여도 팔 때는 팔면서 욕심을 부리면 안 된다는 것을.

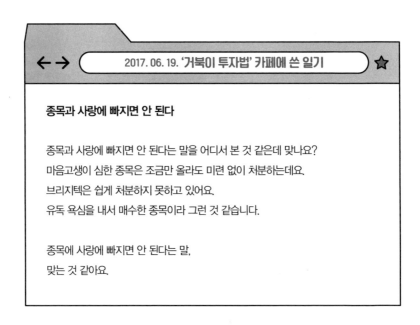

2017. 06. 19. '거북이 투자법' 카페에 쓴 일기

종목과 사랑에 빠지면 안 된다

종목과 사랑에 빠지면 안 된다는 말을 어디서 본 것 같은데 맞나요?
마음고생이 심한 종목은 조금만 올라도 미련 없이 처분하는데요.
브리지텍은 쉽게 처분하지 못하고 있어요.
유독 욕심을 내서 매수한 종목이라 그런 것 같습니다.

종목에 사랑에 빠지면 안 된다는 말,
맞는 것 같아요.

서울대 엄마의 첫 주식 수업

PART 3

실전
주식 투자
6단계

일단 계좌부터 개설하라

주식을 시작하려면 계좌부터 만들어야 한다. 계좌를 만들면 뭐를 해도 하게 되어 있다. 은행에 가서 적금 계좌 개설하듯이 증권사 가서 계좌를 개설하면 된다. 요즘에는 집에서 비대면으로도 개설할 수 있다. 주식 계좌 하나 만든다고 집안이 풍비박산 나지 않는다.

주식 계좌를 만드는 방법을 몰랐던 나는 남편의 말을 듣고 가까운 증권사로 직접 방문했다. 남편이 계좌를 개설하던 당시에는 비대면 계좌 개설이 없었던 모양이다. 그러니 비대면 계좌 개설에 대해 알 턱이 있나. 지점에 갔더니 담당자가 하는 말 "집에서 인터넷으로 비대면 계좌 개설하면 수수료가 무료예요." 증권사까지 가고서도 계좌는 개설하지 못했다. 그러고는 집에 와서 스마트폰으로 직접 계좌를 개설했다.

비대면 계좌 개설의 장점은 신분이 노출되지 않는다는 점이다. 주식의 '주'자도 모르던 시절 증권사 문턱은 높았다. '저 여자 주식 하다가 집안 말아먹겠는데.'라고 증권사 직원이 생각할까 봐 위축되었다. 아줌마가 주식을 시작하면 폭락이 온다는 우스갯소리도 있다. 그런 마음에서 비대면 계좌 개설은 증권사 직원의 눈치를 볼 필요가 없어 편하다.

또, 시간에 구애받지 않고 언제든 개설할 수 있다. 직장인은 은행에 방문하는 것도 어려울 만큼 바쁘다. 더군다나 증권사는 은행처럼 지점 수가 많은 편도 아니다. 하지만 비대면 계좌 개설은 영업시간이 끝난 후에도 가능하다. 준비물은 오직 신분증, 타 금융 기관 계좌, 스마트폰만 있으면 된다. 얼마나 간편한가. 기존의 OTP가 있다면 추가로 발급받을 필요도 없다. 쓰던 걸 등록하면 된다. 그러니 증권사에 방문할 시간이 없어서, 증권사 직원이 무시할까 봐, 증권사가 집 근처에 없어서 등의 핑계를 대며 계좌 개설을 미루고 있다면 지금 당장 인터넷에 증권사를 검색하라.

처음 주식 투자를 하면서도 아무에게 말하지 않았다. 엄마에게도 말이다. 주식을 한다고 하면 도시락 싸 들고 말릴까 봐. 그러다가 17%의 수익을 냈을 때 고백했다. 진짜로 통장에 돈이 들어와야 내 돈이라 말씀하시며 콧방귀 뀌시긴 했지만, "엄마, 진짜로 김 서방이 주식 팔아서 35만 원 입금해 줬다."라는 내 이야기를 듣고는 좋아하셨다. "아빠는 엄마한테 평생 예금이랑 적금밖에 모른다고 불만이었다."라며 호응해 주시기까지. 사실 남편도 내가 주식을 한다고 했을 때, 온종일 주식창만 보고 있을까 봐 반대했던 터였다. 그러나 지금은 적극적으로 지지한다. 주식은 이렇게 시작이 두렵고 타인의 편견에 맞서야 하는 일이다. 하지만 누구나 할 수 있는 게 주식이기도 하다. 많지 않더라도 꾸준히 수익을 내면 주변인의 보는 눈이 달라질 것이다. 그러니 당장 계좌를 개설하고 기본적인 세금과 수수료에 대한 이해만이라도 갖추자. 스마트폰만 있으면 가능하다.

최소한 이것만큼은
읽고 시작하자

기를 쓰고 공부는 못할지언정 주식 투자에 대한 기본서는 읽고 시작하자. 주식에 대한 기본을 알아야 나만의 투자법을 만들 수 있다. 백 명의 사람이 있으면 백 가지 방법이 있듯이 투자도 그러하다. 남편과 한창 주식 이야기를 할 때였다. 투자 종목에 대한 성공담을 미주알고주알 이야기하며 '일봉' 이야기를 하는데, 이야기를 하는데, 세상에! 결혼 전부터 주식을 하고 있던 남편이 일봉을 모르는 게 아닌가. 그제야 남편이 얼마나 주식에 까막눈이었는지 깨달았다. 이런 사람에게 1억 원을 맡겼다니.

주식을 시작한다면 적어도 기본 용어와 투자 방법에 대한 종류는 알고 시작하자. 내가 공부한 방법과 기본서를 추천하겠다.

<거북이 투자법> 온라인 카페

거북이 투자법 카페에 가입한 건 신의 한 수였다. 차트의 기술을 강조하지도, 성급한 매수를 종용하지도 않는 이 카페는 주식 투자에 대한 두려운 마음을 잠재워 주었다. 무료 추천주를 알려 주기도 해서 주식 투자에 입문한 지 한 달 차이던 나에게 큰 도움이 되었다. 거기에 더해 타인의 추천주에 의존하지 않도록 어떤 종목을 골라야 하고, 어떤 마인드를 가져야 하는지 알려 주었다. 미·중 무역 분쟁이나 코로나19와 같은 큰 이슈에도 흔들리지 않을 수 있게 힘이 되어 주었다. 소위 물고기를 던져 주는 게 아닌 물고기 잡는 법을 알려 주는 곳이다. 주식 투자를 처음 시작하는 사람이라면 이 카페를 꼭 가입하길 추천한다. 주식 시장에서 나 홀로 고군분투하는 게 아니라는 마음의 위안을 찾게 될 것이다.

존 리《엄마, 주식 사 주세요》

명불허전이다. 이 책을 읽은 건 주식을 시작한 지 1년이 지났을 무렵이었는데, 주식에 대한 나의 믿음을 공고히 할 수 있었다. 특히 아래의 문구는 자본주의 시대에 자본을 통해 돈을 버는 것의 중요성을 느끼게 했다.

> 자본주의에서 부를 쌓는 방법에는 두 가지가 있다. 첫째는 노동을 통한 것이요, 둘째는 자본을 통한 것이다. 지금까지 우리는 '돈을 번다'라고 하면 내가 노동을 해서 대가를 받는 방법만 생각해왔다. 하지만 그 시간에 내가 가진 자본에게도 일을 시키면 부자가 되는 시기는 훨씬 앞당겨진다.

박영옥 《돈, 일하게 하라》

박영옥 작가의 책은 여러 권이 있지만 그중 가장 대표적인 책이 《주식, 농부처럼 투자하라》이다. 절판되었다가 2021년에 재출간되었다. 나는 《돈, 일하게 하라》의 아래의 문장을 보고 반드시 주식 투자를 하겠다고 마음먹었으며, 두 책 모두 추천한다.

새로운 공식이란 돈이 일하게 하는 것이다. 이것을 '투자'라고 한다. 여러분의 돈이 적절한 곳에 가서 가치를 생산하게 하는 것이 투자다. 투자를 통해 자산을 불린다는 것은 여러분의 일꾼을 늘린다는 것이다.

박성득 《슈퍼개미 박성득의 주식투자 교과서》

내가 생각하는 최고의 가치 투자서이다. 저자의 찢어질 듯 가난하고 고달픈 유년기의 이야기가 특히나 인상적이다. 제목만 보면 상당히 자극적이다. '슈퍼개미'라는 말에 단타로 초대박을 낸 사람이거니 했고, '교과서'라는 말에 정형화된 가이드라인을 제공하는 책인가 싶었다. 그러나 내용은 반전! 차트 보는 법은 단 한 장도 나오지 않고, 재무제표와 회계에 관한 내용도 없었다. 오로지 주식 투자할 때의 마음가짐에 관한 이야기였다. 특히 '되고 싶은 게 있으면 눈을 꼭 감고 천지신명께 기도를 하라'는 절실함이 마음에 콕 박혔다. 저자의 모진 유년기에 대해 읽으며 특별한 사람만이 성공하는 게 아니라는 걸 느꼈다.

이 외에 조엘 그린블라트의 《주식 시장을 이기는 작은 책》, 피트 황의 《치과의사 피트 씨의 똑똑한 배당주 투자》, 최금식의 《나는 하루 1시간 주식투자로 연봉 번다》, 윤재수의 《주식투자 무작정 따라하기》도 추천한다. 나는 경제를 전공한 사람도 아니고 돈을 내고 주식을 배운 일도 없다. 대신 주식에 관한 책을 꾸준히 읽으며 주식 시장이 폭락해도 흔들리지 않는 마음을 유지하기 위해 노력한다.

투자 계획을
세워라

　적금에 가입하려면 1년에 매달 10만 원씩과 같은 약속을 해야 한다. 예금도 마찬가지로 1년을 유지할지 2년을 유지할지 약속한다. 주식도 그러해야 한다. 그렇다면 무엇을 어떻게 계획해야 할까?

　첫째, 총 투자금을 정한다. 2017년 처음 주식을 시작할 때 투자금은 200만 원이었다. 한 달 뒤, 동그라미가 하나 더 붙어 투자금은 2,000만 원까지 늘어났다. 이후 3년 적금이 만기 되어 주식 계좌로 이체했다. 연말정산 환급금, 남편 성과급 등 여윳돈이 생길 때마다 주식에 투자했다. 거기다 매월 이체까지 해 두니 의도치 않게 투자금은 늘어 갔다. 자신이 굴릴 수 있는 돈의 한도를 넘어서게 되면 불안감이 엄습해 온다. 그래서 투자금의 한도를 정해 놓아야 한다. 한도 이상의 금액이 모이면 주식 계좌에서 다른 여유 통장으로 이체해야 한다.

　둘째, 월 추가 납입액을 정한다. 투자금이 200만 원이면 그 돈만 굴리는 거 아닌지를 묻는 사람도 있겠지만, 아니다. 식물도 계속 물을 줘야 자라듯 주식도 일정 금액을 계속 넣어 주어야 한다. 월 10만 원으로 정했으면 10만 원, 그마저도 어렵다면 5만 원도 괜찮다. 월급 통장에서 주식 계좌로 자동 이체를 걸어 두자. 그것만으로도 주식 계좌는 생기를 얻을 것이다. 물이 고여 있으면 썩듯이 돈도 계속 순환해야 불어난다. 돈은 돌고 돌아야 돈이다.

셋째, 매월 정산한다. 대부분 주식 매매 일지를 쓰라고 말한다. 하지만 가계부도 적기 어려운 나에게 주식 매매 일지 작성은 너무 힘든 일이었다. 아무리 주식 투자가 재미있어도 매일 기록할 수는 없었다. 대신 다음과 같은 표를 사용해 매월 정산을 한다. 그래야만 총 투자금이 얼마인지, 한 달에 얼마의 수익이 나는지, 그 수익금에서 인출해서 쓴 돈은 얼마인지 알 수 있다.

	투자금(A)	실현손익금(B)	입출금(C)	합계(=A+B+C)
1월	10,000,000원	300,000원	−400,000원	9,900,000원
2월	9,900,000원			
~				
12월				

표는 '거북이 투자법' 카페의 당시양 님의 글을 보고 참고했음을 밝힌다.

예를 들어, 1월 투자금이 1,000만 원이라고 하자. 그러면 1월의 투자금(A) 칸에 1,000만 원을 적는다. 그리고 주식을 매매해서 손실액과 이익금을 모두 합친 금액이 30만 원이라면 1월의 실현손익금(B) 칸에 30만 원을 적는다. 매달 주식 계좌로 자동 이체한 금액이 10만 원이라고 하자. 그런데 명절로 돈이 필요해서 50만 원을 출금하면 입출금 내역은 40만 원이 된다. 1월의 입출금(C) 칸에 −40만 원을 적는다. 합계(D) 칸에는 1,000만 원 + 30만 원 −40만 원인 990만 원을 적는다. 1월에 수익은 30만 원을 이었지만 출금액이 많아 다음 달 투자금도 줄어든다. 그래서 2월의 투자금은 990만 원이다.

수익과 매월 이체한 돈이 쌓이다 보면 투자금도 늘어난다. 앞서 말한 대로 자신이 정한 투자금을 넘지 않도록 해야 한다.

두부 한 모 값으로 살 수 있는 주식이 속 편하다

많은 초보자가 처음 매수하는 종목은 단연 '삼성전자'다. 망할 리 없다는 믿음과 지난날의 주가를 보고 매수하는 것이다. 그래서 삼성전자는 국민주라고 불린다. 그러나 유명 기업이라도 업황이 나빠지면 부도가 나기도 한다. 한진해운은 해운업이 어려울 때 부도가 났고, 아시아나항공은 코로나19의 영향으로 3:1의 무상 감자 후 대한항공에 합병되었다. 즉, 유명 기업이라고 해도 재무구조가 탄탄하다고 볼 수 없다.

그렇다면 작지만 재무구조가 탄탄하고 매년 순이익이 발생하며 배당까지 주는 알짜 기업은 어디일까? 내가 제일 좋아하는 기업은 '동원개발'이다. 5,000원 내외로 1주를 살 수 있기 때문이다. 이렇게 말하면 전문가는 비웃을지 모르겠다. 주가는 표면적으로 싸다 비싸다를 따지는 게 아니라고 말하는 소리가 들리는 것 같다. 주가가 싸다 비싸다는 말은 고평가 혹은 저평가로 불리며, 기업 가치에 비해 주가가 높으면 고평가, 주가가 낮으면 저평가라고 말한다. 그러므로 고평가, 저평가를 말하려면 1주당 가격이 아니라 기업의 가치 대비 주가를 따져야 한다. 그리고 이때, 필요한 수치 중 대표적인 것이 '주가수익비율'과 '주당순이익'이다.

그러나 나는 복잡한 말을 하고 싶은 게 아니라 아이를 키우며 마트에서 장을 보는 주부의 시선으로 말하고 싶다. 아무리 기업 가치가 높아도 주부가 1주에 20~30만 원인 주식을 매수하는 건 부담스럽다. 그러나 5,000원 내외의 종목은 마트에서 두부 한 모 사듯 편하게 살 수 있다. 예를 들어 5,000원짜리 주식이 있다고 하자. 주가가 내려가면 2,000원이 될 수도 있고 1,000원이 될 수도 있다. 사실 5,000원이 1,000원이 된다는 건 엄청난 폭락이다. 손익률을 계산하면 −80%인 셈이다. 그러나 5,000원을 실생활에 대입해 보면 그리 큰돈이 아니다. 커피 한잔 값이니까. 객관적으로 싼 주식을 사면 그만큼 손해를 보지 않는다. 4,000원의 손실액은 실생활에서 커피 한잔 안 마시면 되는 돈이고, 로또 한 장 사고 꽝이 되는 것보다 남는 장사이기도 하다. 그래서 나는 주부로서 1만 원 내외의 주식을 선호하는 편이다.

혹시 삼성전자가 어떻게 국민주가 되었는지 아는가? 1주에 200만 원을 호가하던 시절에는 삼성전자 주식을 사기 위해 한 달 치 월급을 모아야 했다. 황제주였고 럭셔리주였다. 그런 삼성전자가 액면 분할을 하면서 1주에 7만 원 내외가 되며 국민주가 되었다. 외식 한 번 안 하면 살 수 있는 주식이 된 것이다. 나 역시 삼성전자가 200만 원에 호가하던 시절에는 살 엄두가 안 났다. LG생활건강, 오뚜기처럼 익숙한 종목을 매수하지 않는 것도 이러한 이유에서였다. 실제로 10만 원이 넘는 주식을 샀을 때 −20%가 되면 주가는 8만 원이 된다. 삼성전자의 200만 원짜리 주식이 −20%가 되면 40만 원 손해다. 초보자가 하기에는 너무 간 떨리지 않는가.

처음 남편에게 한국선재를 매수하겠다고 했을 때, 남편은 잡주라며 꺼렸다. 이름 한 번 들어 본 적 없는 기업이니 그럴 만도 했다. 그러나 한국선재는 1974년에 부산에 설립된 탄탄한 철강 기업이다. 내가 알지 못하는 기업이라고 잡주로 분류하기보다 정보를 모아 잘 들여다보길 바란다.

초보일수록 한 주에 몇십 만 원에 달하는 주식보다는 매년 수익을 내면서도 주당 단가가 싼 주식을 사는 게 부담스럽지 않다. 쿨하게 생각하라. '5,000원짜리 주식 10주를 사서 5만 원 까먹으면 외식 한 번 줄이지 뭐!'라고 말이다. 그런데도 무엇을 살지 모르겠다면 거북이 투자법의 무료 추천주를 이용해 보자. 카페 새내기여도 추천주를 볼 수 있다. 200만 원짜리 에어컨을 고르는 것도 평생 살아야 할 배우자를 고르는 것도 아니다. 다이소에서 만 원 쓰며 재미를 느끼듯 아무 종목이나 골라 1주를 사 보라. 시작이 반이다. 망설이다가는 영원히 주식을 할 수 없을지 모른다.

내가 쓰는 제품에
주목하라

요즘 사람들은 카톡으로 연락하고 단톡방에서 정보를 나눈다. 카카오로 선물하고, 카카오로 송금한다. 자연스럽게 삼성전자의 뒤를 이어 카카오는 국민주가 되었다.

아이를 등교시키고 나서 네이버 카페에 접속해 밤사이 올라온 글을 읽는다. 필요한 물건은 네이버로 검색하고, 네이버 페이로 산다. 아이디와 비밀번호, 신용카드 정보를 입력할 필요도 없다. 네이버 또한 사람들이 좋아하는 주식이 되었다.

맘 카페를 보니 홈스타 제품이 인기다. 홈스타 제품 하나면 주방 환풍기의 기름때가 순식간에 지워진다는 것이다. '오, 안 그래도 이 제품 많이 보이던데.'라고 생각하며, 페리오 치약을 2080 칫솔에 짜서 양치를 한다. 양치 후 세탁기에 빨랫감을 넣으며 세제 통에 세제를 붓는다. 제품명을 보니 테크다. 섬유유연제는 대용량으로 구매해 둔 샤프란이다. 이쯤 되면 느꼈을 것이다. LG생활건강 제품이다.

코로나로 외식이 어려워진 요즘은 비비고 없이는 밥상을 차릴 수가 없다. 비비고 교자, 비비고 사골육수, 비비고 김치, 비비고 죽… 비비고 제품은 모두 CJ제일제당의 브랜드다.

장마가 시작되어 집 안에 눅눅하다. 빨래가 마르지 않는다. 제습기를 켠다. 가성비가 좋다고 해서 산 위닉스 제습기다. 옆에서 쉴 새 없이 돌아가는 공기청정기도 위닉스 제품이다.

이렇게 우리가 애용하는 제품의 기업은 대부분 상장이 되어 있다. 자주 쓴다는 말은 그 기업의 이익에 보탬이 되어 준다는 뜻이다. 내가 사는 게 곧 기업의 이익이라면 그 기업의 주식을 매수하지 않을 이유가 없다. 주당 가격이 너무 비싼 건 매수하지 않지만 이렇게 종목을 찾을 수 있다. 주부라면 알 수 있는 제품의 기업, 만인이 쓰고 있는 제품의 기업, 맘 카페 등에서 입소문 난 제품의 기업 등에 관심을 가지면 된다.

두통 치통 생리통엔 게보린이다. 게보린 포장지를 살펴보라. '삼진제약'이라고 쓰여 있을 것이다. 삼진제약을 주식 앱 종목 창에 쳐 본다. 관심의 시작이다. 마침 눈이 침침한데 루테인 제품 광고가 들어온다. 찾아보니 '안국제약'이다. 안국제약 또한 상장된 기업이다. 재무 정보에 적자만 아니라면 1주 정도 사서 주가에 관심을 가져볼 수 있다. 내 아이가 먹는 유산균은 듀오락이다. '내 아이가 먹는 제품인데 광고도 자주 하네?' 이렇게 '쎌바이오텍' 주식을 꾸준히 매수해 볼 수도 있다.

종목 선정이 어렵다면 내가 잘 아는 제품의 기업을 찾아보자. 종목에 대한 힌트는 일상에 아주 많다. 자신이 사용하는 제품을 보면 그 회사가 앞으로 잘될지 안 될지 느낌이 오지 않는가? 가격 대비 성능이 좋다고 해서 샀는데 쓰는 내내 영 불편하다면 그 종목은 관심 밖에 두고, 샀는데 효능이 좋아 계속 쓰게 된다면 수요가 있다는 말이니 그 기업의 주식을 사면된다. 소비자의 눈만큼 정확한 게 없으며, 그 소비자는 바로 나 사심임을 알자.

배당금을 주는
종목이 최고다

　　네이버 지식백과에 따르면 배당금이란 '기업이 이익을 발생시켜 회사 내에 누적하여 온 이익잉여금의 일부를 기업의 소유주에게 분배하는 것'이라고 되어 있다. 쉽게 말해 배당금이란 기업이 한 해 수익 중 일부를 주주들에게 나누어 주는 것을 말한다. 그렇다고 모든 기업이 배당금을 주는 건 아니다. 또한 매년 배당금을 주다가 기업이 적자가 난 해에는 못 주는 경우도 있다. 한국전력은 대표적 배당주였는데 2018년과 2019년에는 적자가 나서 배당을 하지 않았고 2020년에는 흑자로 전환되어 주당 1,216원을 배당했다. 시가 대비 4.5%였다.

　　기업 입장에서는 이익으로 발생한 현금을 주주들에게 나누어주지 않고 보유하거나 연구비 등 기업 발전에 재투자하는 게 좋을 수도 있다. 또한, 기업 입장에서 좋다는 말은 주주 입장에서도 좋은 것이다. 기업이 잘 돼야 내 주가도 올라가니까 말이다.

　　그러나 투자했는데 결실이 없으면 서운한 법이다. 은행에 예금만 해도 이자를 주는데! 그래서 나는 배당금을 주는 종목이 좋다.

배당금은 배당 기준일에만 주식을 보유하고 있어도 나온다. 배당 기준일이란 기업에서 배당을 시행할 때 배당을 받는 주주들을 결정하는 기준이 되는 날이다. 1년에 한 번 배당한다면 12월 말(연말 배당), 반기별로 배당한다면(반기 배당) 6월 말, 12월 말이 배당 기준일이 된다. 흔하지는 않지만 1년에 네 번 배당하는 기업도 있다. 분기별 나누어서(분기 배당) 3월 말, 6월 말, 9월 말, 12월 말이 배당 기준일이 된다. 대표적인 분기 배당주로 삼성전자, POSCO, 쌍용양회가 있다.

12월 말이라고 하면 12월 31일 같지만, 실제 매수해야 하는 날은 26~28일이다. 주식을 매수하여 계좌에 입금되기까지 이틀이 걸리기 때문이다. 게다가 통상 12월 31일은 주식 거래 휴장 일이다. 그래서 주식 시장에서의 연말은 12월 30일을 의미한다. 따라서 이틀 전인 12월 28일 장이 끝날 때까지 주식을 보유해야만 배당금을 받을 수 있다(12월 29일에 장 시작하고 팔아도 배당금이 나온다). 변수는 주말이 낀 경우다. 만약 28, 29일이 휴일이면 26일에는 매수해서 장이 끝날 때까지 보유해야 한다.

배당 기준일이 다가올수록 주가가 올라가는 경향이 있다. 그래서 배당주는 찬바람이 불기 시작하는 10월 즈음부터 12월까지 대략 3개월 정도 여유 있게 매수한다.

배당만 받고 다음 날 바로 팔아버릴 생각이라면 뜻대로 되지는 않을 것이다. 배당락이라고 해서 배당 기준일 다음 날 주가가 급격히 떨어

서울대 엄마의 첫 주식 수업

지는 현상이 있다. 이때 팔면 배당금보다 주식 손실이 더 커질 수도 있다. 배당주는 대체로 몇 개월만 기다리면 주가가 다시 올라간다. 그러니 굳이 손절할 필요는 없다. 주식 고수 중에는 이때가 비로소 배당주에 들어갈 타이밍이라고도 말하는 사람도 있다.

배당주는 적어도 최근 3년간 일정한 금액의 배당금을 준 기업이어야 한다. 작년에 한 번 배당금을 주었다고 해서 올해도 준다는 보장이 없다. 은행 기본 이율이 1% 내외인 것을 고려하면 배당금이 5% 이상인 고배당주를 공략하는 것도 하나의 방법이다. 보유만 하고 있어도 은행 예금보다 낫다.

배당주는 주가가 심하게 떨어지는 경우가 거의 없다는 것도 큰 장점이다. 주가가 떨어질수록 배당 수익률은 올라간다. 그래서 배당금을 목표로 매수세가 강해져 적정 가격 이하로는 주가가 쉽게 내려가지 않는다. 고배당주의 주가가 내려갈 때 매수하면 주가 상승과 배당금 두 마리 토끼를 잡을 수 있다.

배당주에 투자할 때 적자가 나는 기업은 아닌지 살펴보아야 한다. 적자가 나는데도 대주주의 상속세 확보를 위해 말도 안 되는 배당을 하는 경우가 있기 때문이다. 고배당을 목적으로 이런 틈을 타 매수하면 위험하다. 이런 종목은 상장 폐지의 우려가 있으며 유상증자나 무상감자 등이 발생할 수 있다. 자, 다시 요약하겠다.

1. 일단 배당주는 좋다!

2. 최근 3년간 일정한 배당금이 나왔는지를 보아라!

3. 연간 실적과 분기실적에 적자가 없는지 확인하라!

4. 이를 모두 갖추었다면 배당 수익률이 높을수록 좋다!

참고로 배당금은 배당 기준일에 바로 나오지 않는다. 연말 배당금인 경우에는 3월에 주주총회를 거쳐 빠르면 3월 말, 늦으면 4월에 나온다. 주주총회 날짜가 기업마다 다르듯 배당 지급일도 기업마다 다르다. 배당 지급일을 확인하고 싶다면 '세이브로(http//www.seibro.or.kr/"http://www.seibro.or.kr/)'에서 확인하면 된다.

서울대 엄마의 첫 주식 수업

하루에 1주씩만 매수한다

주가는 절대로 맞힐 수 없다. 점술가도 알아맞힐 수 없는 게 주가다. 주가를 맞힐 수 있다면 그는 이미 부자가 되었을 것이다. 마치 기상청의 기상예보가 빗나가듯 주가 예측도 어디까지나 예측일 뿐이다. 며칠 동안 상승한 주식이 내일도 상승한다고 보장할 수 없다. 아무리 건실한 기업이라도 주가는 바닥을 치는 경우도 있다. 그런데 주식보다 더 예측할 수 없는 게 있다. 바로 대외 변수.

2018년에 문재인 대통령과 북한의 김정은 주석이 만난 일은 엄청난 정치적 이슈였다. 정치가 주식이랑 무슨 상관이 있나 싶지만 정치 이슈에 출렁이는 게 주가다. 단순히 출렁이는 걸 떠나 테마주가 형성되며 엄청난 급등과 폭락이 이어진다. 2020년부터 지금까지 전 세계를 휩쓸고 있는 코로나19는 어떤가. 모두가 마스크를 쓰고 다닐 거라고 생각했겠는가. 코로나19로 인해 2020년 3월에는 거의 모든 주가가 폭락했다. 나역시 대부분 종목이 -70~-80% 가까이 떨어졌다. 물론 대외 변수로 대외변수로 인해 폭락한 주가는 적당한 시간이 지나면 회복한다.

좋은 기업은 오르고 내리는 걸 반복하면서도 언젠가는 오른다. 언제가 언제일지 몰라서 문제지만, 좋은 기업은 오를 거라는 확신을 가져야 한다. 그러니 애써 주식이 언제 오를지를 예측하려 하지 말자. 맞힐 수 없는 걸 맞히려고 애쓰기엔 시간과 에너지가 아깝다. '때 되면 오르겠지.'라고 가볍게 생각하는 게 마음 편하다.

그래서 하루에 1주만 산다. 주가가 오를지 내릴지를 알 수 없으므로 일단 오늘 1주를 사 보는 거다. 오늘 산 주식이 오르면 기뻐하면 되고 내리면 1주 더 사면 된다. 다음 날도 반복한다. 무슨 이런 말도 안 되는 방법이 있냐고? 주식은 수익을 보기 위해 하는 것이다. 오르면 오르는 대로 수익을 봤기에 목표를 달성한 것이고, 내리면 내리는 대로 주식을 더 사서 '평단가'를 낮추면 되는 것이다. 그런데도 마이너스인 건 마찬가지라고? 명심해야 할 것은 내리기만 하는 주식은 없다는 것이다(아주 가끔은 있다). 주가가 내려가면 평단가도 그만큼 내려가고, 내려갔던 주가가 오르면서 내 평단가보다 높아지는 순간이 온다. 그러면 목표 달성이다. 수익은 나게 되어 있다.

주식은 절대로 급하게 해서는 안 된다. 오늘 사서 내일 당장 소고기를 먹겠다는 마음을 버려야 한다. 물론 타이밍 싸움인 단타로 수익을 내는 사람도 있다. 그러나 소크라테스가 '너 자신을 알라'라고 말했듯이 자신이 전문가가 아니라는 사실을 알아야 한다. 단타로 수익을 내는 사람은 종일 호가창을 보며 전업 투자자의 길을 걷는 사람들이다. 너무도 바쁜 직장인과 주부는 할 수 없는 일이다. 애초에 불가능한 단타는 생각하지 말고, 시간을 두고 투자해야 한다.

누군가는 오히려 바쁘니까 한 번에 매수하는 게 낫지 않느냐고 물을 수 있겠다. 한 번에 매수하는 것에 대해 생각해보자. 투자금을 하루에 몽땅 매수하면 어떻게 될까. 가장 큰 문제는 여유 자금이 없어지는 것이다. 여유 자금이 없으면 주식이 내릴 때 대응할 수가 없다. 한편으로 투자금이 모두 들어가 있는 상황에서 마이너스가 될 때 마음이 어떻겠는가. 심장이 벌렁거려 잠도 못 잔다. 그러니 오를지 내릴지를 예측하지 말고 하루에 1주만 사자. 직장인이어서 거래 시간에 맞춰 거래할 수 없다면 예약 매수를 이용할 수도 있다.

이런 식으로 어느 세월에 돈을 버느냐고? 감이 무르익으려면 기다림이 필요하다. 그리고 1주씩 1년만 사 모으면 휴일을 뺀다고 하더라도 최소 200주는 살 수 있다. 어설프게 전문가 흉내 내지 말고 초보임을 인정하며 이렇게 연습하자. 분할 매수에 익숙해질 것이다. 소량 매수하는 습관은 적금을 통해 목돈을 만드는 힘을 기르는 것과 같다. 인내하는 법을 배우고, 뇌동 매매하지 않는 힘을 기를 수 있다. 하루에 커피 한잔 사 마시듯이 하루에 5,000원씩만 사라. 그렇게 차츰 감이 무르익으면 10주 이상, 10만 원어치를 사는 일도 익숙해진다.

반드시 마이너스일 때 매수한다

    주식에서 수익을 얻는 방법은 하나다. 쌀 때 매수하고 비쌀 때 매도한다. 그렇다면 언제 싸다고 할 수 있을까. 기업 가치 등을 계산하기 복잡한데 주가가 싸다는 걸 어찌 알 수 있을까.

    내 평단가를 기준으로 하면 된다. 주가가 내 평단가 보다 싸면 매수하고, 내 평단가보다 비싸면 판다. 오로지 계좌에서 손익률이 마이너스일 때만 산다. 어제 산 주식이 오늘 수익이 나면 절대로 추가 매수하지 않는다. 예를 들어, 한 종목을 어제 3,870원에 샀는데 오늘 1% 올라서 3,910원이 되었다면 아무리 비중이 작아도 더 사지 않는다.

    간단하지 않은가. 내가 사면 떨어지고, 내가 팔면 오른다는 고점 매수, 저점 매도의 고수들에게 추천하는 방법이다. 설사, 오늘 사서 내일 올랐다 해도 다시 내려가는 일이 다반사다. 그럴 때는 '아, 어제 올랐을 때 팔걸.'이라고 후회할 일이 아니다. '잘 됐다.'라며 신나게 1주 더 사면 된다. 3,870원에 산 종목이 다음 날 3,910원까지 올랐다가 그다음 날 다시 내려서 3,850원이 되었다면 그때 산다. 오로지 내 주식 계좌에서 마이너스일 때만 산다.

혹자는 월급날마다 그날의 주가가 얼마든 상관없이 일정 금액만큼 주식을 산다고 한다. 그래서 주가가 내려가 있으면 싸게 사서 좋고, 주가가 올라가 있으면 비싸게 사서 안 좋다고 했다. 결국, 주가가 내려가면 내려갈수록 싸게 살 수 있어 좋다는 말이다. 마트에서 '3개 3,000원'에 팔던 오이를 어느 날 세일해서 '3개 2,000원'에 판다면 기분이 어떤가. 오히려 싸게 사서 좋지 않은가.

반면, 불타기 매수법도 있다. 불타기란 보유한 종목이 수익 중인데 더 상승할 것 같아 추가 매수하는 것을 말한다. 종목의 비중을 늘려서 수익을 극대화하는 방법이다. 예를 들어, 삼성전자 1주를 보유하고 있는데 10% 수익 중이다. 그런데 앞으로 삼성전자가 더 성장할 것 같다. 그러면 앞으로 더 상승할 거라는 확신으로 추가 매수를 한다. 이게 바로 불타기다.

불타기를 하려면 상승에 대한 확신이 있어야 한다. 상승에 대한 확신! 그래서 나는 절대로 불타기를 하지 않는다. 앞으로도 승승장구할 것 같더라도 장담할 수 없기 때문이다. 그래서 나는 오로지 주가가 평단가보다 낮을 때만 매수한다. 그러면 평단가가 내려가는 기쁨을 느낄 수 있다. 간혹 1% 정도는 수익이라 생각하지 않고 꾸준히 비중을 늘리는 사람도 있다. 그것도 단기 상승이 예상되는 종목의 비중을 늘릴 수 있는 방법이긴 하다. 하지만 나는 오로지 평단가를 낮추는 것에만 의의를 둔다.

그렇다면 언제 비중을 늘리느냐 의문이 들 것이다. 비중을 늘리는 건 바로 수익 중인 종목도 주가가 출렁이며 평단가보다 다시 내려올 때다. 수익 중인 종목은 그대로 두고 새로운 종목으로의 진입을 꾀하자. 살 수 있는 종목은 널리고 널렸다. 그래서 비중이 작더라도 수익 중인 종목은 절대로 추가 매수하지 않는다. 명심 또 명심. 내 계좌에서 마이너스일 때만 매수하고, 플러스일 때는 절대로 매수하지 않는다.

주식 시장에는 이런 말도 있다. '바닥인 줄 알고 들어갔다가 지하실 구경하게 될 것이다.', '떨어지는 칼날은 잡지 않는다.' 사실이다. 바닥인 줄 알고 들어갔다가 지하실을 뚫고 벙커까지 구경하고 온 적도 있다. 하지만 모두 제자리를 찾았다. 그러니 내가 사면 떨어진다고 울지 말자. 마트에서 세일하는 상품을 득템할 때처럼 주식도 저렴한 가격에 득템하라!

내 계좌도 처음에는
종목 백화점이었다

몇 개의 종목을 보유해야 하나요? 이 또한 고민거리 중 하나다. 책마다 이 부분에서는 의견이 분분한데, 나는 10~15개 정도로 유지한다. 많아지면 매도해서 정리하고, 적어지면 신규 매수해서 종목 수를 늘린다.

여러 종목에 투자하는 것도 나름의 장단점이 있다. 장점으로는 어떤 종목이 곤두박질칠 때 다른 종목을 보며 잊을 수 있다는 것이다. 내 경험상 '효성중공업'은 마이너스가 심해서 관심 밖으로 밀려난 종목 중하나였다. -78.25%까지 떨어졌지만 다른 종목에 집중하고 있던 사이 알아서 상승해 수익을 주었다. 만약 '효성중공업'에 관심을 두고 있었다면 전전긍긍하며 손절했을지도 모를 일이다.

또, 종목이 여러 개면 수익 중인 종목을 매도하여 현금을 확보할 수 있다. 나는 이걸 마중물이라고 부른다. 여기저기 우물을 파 놓고 한쪽 우물이 고갈될 때 다른 우물의 물을 길어다가 마중물을 대주는 거다. 수익은 우물에 물이 찬 것이고, 손실은 우물에 물이 마른 것이다. 가득 찬 우물의 물을 떠서 말라가는 우물에 마중물을 대준다. 마중물을 부어 주다 보면 마른 우물에서도 물이 콸콸 쏟아진다.

앞서 말했지만, 돈은 돌고 돌아야 돈이다. 돈을 한 종목에만 넣어 두면 그 돈은 기업 내에서 활발하게 움직이겠지만 내 계좌에서는 고인물이 된다. 고인물은 썩기 마련이다. 퍼 나르고 퍼 넣어야 썩지 않는다. 마중물을 넣듯이 한 종목에서 얻은 수익을 다른 종목에 넣어 준다. 그렇게 마이너스인 종목의 평단가를 낮추고 낮추다 보면 수익이 나는 순간이 온다.

물론 계좌의 모든 종목이 마이너스인 날도 있다. 하지만 전체적으로 주가 지수가 내릴지라도 반사 이익으로 어떤 종목은 급등한다. 코로나19로 인해 대부분의 종목이 폭락한 시점에서도 마스크 관련주는 상승하고, 북한에서 미사일로 도발할 때 코스피 지수는 떨어질지언정 방위업체 관련주는 상한가를 치지 않는가. 그래서 여러 종목에 투자하는 게 유리하다.

단점이라면 종목 수가 많아 관리하기가 힘들다는 점이다. 잊힌 종목에서는 손을 놓게 된다. 앞서 언급한 효성중공업도 잊혔기에 반등하여 주가가 오르는 것도 몰랐다. 종목 수가 많아 잊혀서 좋을 수도 있지만 추가 매수할 기회를 놓칠 때도 많다. 심지어 종목 수가 많던 시절에는 '내가 이런 종목도 샀었나?'라는 생각을 한 적도 있었다. 그래서 기억력의 한계를 인정하고 10~15개 종목으로 유지한다.

주식을 처음 시작할 때는 이 종목 저 종목 다양하게 접해 보라고 권하고 싶다. 나 역시 초기에는 종목 백화점이었다. 이 종목을 샀는데 저 종목도 좋아 보여 샀다. 수익 중인 종목은 더 오를 것 같아서 팔기 싫었고, 마이너스인 종목은 빨리 팔고 싶지만 마이너스여서 못 팔았다. 보초병이라며 1주씩 이것저것 사다 보니 그야말로 만물상이 되었다. 하지만 그런 경험을 통해 저평가 우량주, 소외주, 테마주, 급등주 등 많이 배울 수 있었다. 결혼하기 전에도 이 남자 저 남자 많이 만나 봐야 좋은 남자를 알아볼 수 있다고 하지 않던가. 주식도 마찬가지다. 다양하게 투자하다 보면 종목을 보는 눈이 생기고, 자신에게 맞는 종목을 알 수 있을 것이다.

2017. 04. 21. '거북이 투자법' 카페에 쓴 일기

제 계좌는 종목 백화점이네요

대부분이 물린 거고 3개 종목이
수익을 내고 있어요.
자잘한 종목 다 처분하고 싶어요.

제 종합 잔고를 보면 '세방, 현대차,
호텔신라, LG디스플레이, 용평리조트,
우진, DSR, 금호에이티티,
대명코퍼레이션, 한국경제 TV,
케이엘넷, 캠시스, 이랜텍,

유진로봇, 옴니텔, 브리지텍, 바른전자,
누리플랜, 알서포트, 대창스틸, 아바텍,
나노, 아스타, 모비스…'
듣도 보도 못한 건 유료 리딩에서 사라고 해서 샀다가 물린 것들이에요.

카페에서 추천해 주신 것도
조금씩 모으고 있고요.
현재 −3.82%입니다.
오늘 모비스 고기에 물렸네요.
모비스를 끝으로 유료 리딩은
해지하려고요.
도박이라고 또 욕하실 건가요.
하나씩 처분할 테니 응원해 주세요.

서울대 엄마의 첫 주식 수업

내 인생에
손절이란 없다

'지금 이 주식을 산다면 언제까지 보유할 수 있을까?' 주식을 매수하기 전에 한 번쯤 생각해 봐야 할 질문이다. 다소 말장난 같지만 '언제쯤 팔까'와는 조금 다른 이야기이다. "언제쯤 팔까요?"라는 질문에는 "수익이 나면!"이라고 대답할 수 있다. 그런데 수익이 안 난다면? 수익이 안 나도 오래 보유할 수 있을지, 손절하지 않고 언제까지 버틸 수 있을지 진지하게 생각해 보아야 한다. 워런 버핏은 말했다. "10년 이상 보유할 주식이 아니라면, 단 10분도 보유하지 말라."

사자마자 급등하는 경우는 거의 없다. 오를 수도 있고 내려갈 수도 있다. 주식은 살아서 꿈틀꿈틀 움직이는 생명체와도 같다. 천방지축 날뛰는 아이를 떠올려 보라. '가만히 좀 있어!'라고 해도 1분 1초도 쉬지 않고 움직인다. 주식도 마찬가지다. 가만히 있지를 않는다. 주식의 호가창은 심장과도 같아서 쉬지 않고 꿈틀거리고 펄떡펄떡 뛴다. 그 순간마다 동요할 필요가 없다. 쉴 새 없이 움직이는 아이의 행동 하나하나에

신경이 곤두선다면 신경 쇠약에 걸리고 말 것이다. 주식도 그런 아이의 움직임과 같다고 생각하면 된다. 그러니 온종일 호가 창을 보고 있을 필요도 없다.

그렇다면 언제 오를까? 이 질문에는 "언젠가는 오르겠지."라고 나 자신에게 대답한다. 떨어졌던 주가도 언젠가는 오른다. 다만 내일 오를지 한 달 후일지, 1년 후가 될지를 모를 뿐이다. 때로는 몇 년이 걸리기도 한다. 하지만 반드시 오른다. 그래서 꼭 주식에 투자하기 전에 생각해 봐야 한다. '지금 이 주식을 산다면 언제까지 보유할 수 있을까?' 나의 대답은 단순하다. "수익이 날 때까지!" 몇 년이건 상관없다. '죽을 때까지 따라붙겠다'는 각오와 함께 수익이 날 때까지 절대 팔지 않겠다는 생각으로 매수를 시작한다.

그런데 끝까지 수익이 안 나면 어떻게 할 것인가. 답은 간단하다. "수익이 안 나면 또 사면 된다. 내 인생에 손절이란 절대 없다."

지금은 이렇게 비장하게 말하지만 나 역시도 손절한 경험이 있다. 마이너스가 심하던 종목이 급등해 그 상태에서 일부 손절했다. 다음 날 주가가 다시 내려갔기에 잘했다고 스스로 칭찬했다. 주가가 더 내려가면 저점에서 매수하여 손실을 만회하겠다고 생각했다. 하지만 한 번 손실이 났던 종목을 다시 매수하기란 여간 쉽지 않았다. 이후 그 종목은 상승하여 남아있던 일부로 수익을 남길 수 있었다. 결국 손절하지 않았다면 더 큰 수익을 남겼을 텐데 수익이 나도 앞선 손절로 인해 최종적

　　　　　　　　　　　　서울대 엄마의 첫 주식 수업

으로는 손실이었다. 그래서 손절은 독이다. 손절은 한순간이지만 손실금을 메꾸기는 몇 달이 걸린다. 그때 깨달았다. 역시 손절은 내 체질이 아니다.

2020. 07. 08 '거북이 투자법' 카페에 쓴 일기

손절은 무서운 것

코로나 여파는 잘 버텼으나 한 종목 급등 놓치고 고꾸라질 때 −2%에서 발견하고 손실 줄이기 위해 그 상태에서 일부 손절함. 그리고 나는 그걸 잘했다 칭찬함. 다음 날 정말 훅 빠졌으니. 그리고 그 손절해서 생긴 여윳돈으로 다른 거 삼.

손절이 무서운 게 그 종목 추가 매수를 더는 못 함. 남들은 될지라도 나는 안 됨. 그리고 실제로 그 이후에 이놈으로 수익을 남김. 결국 손절 안 했으면 더 큰 수익을 남겼겠지만 인고의 시간이 걸림.

또 몇몇의 종목들. 갑자기 훅 튈 때 본전 안 와도 손실 줄이기 위해 손절함.
아무튼 그러한 것들이 독이 됨.
손절은 한순간이나 손실을 메꾸는 데 몇 달이 걸림.
어쨌든 몇 달 푼 돈 푼 돈 팔아 모은 돈으로 이제 겨우 이익 구간에 들어옴.
아무튼 올해 상반기 코로나 사태로 손절이란 걸 해 보았지만 나는 역시 손절은 내 체질이 아님. 그냥 미친 듯이 물타기 해서 본전 오면 팔아야 마음이 편함.

사과가 익을 때까지 기다려라

내가 좋아하는 그림책 중에 남미영 박사님의 《꾸러기 곰돌이》 시리 즈가 있다. 그중 〈따도 괜찮겠니〉라는 책의 이야기이다. 곰돌이가 파릇 파릇 새잎이 돋은 사과나무에게 나뭇잎을 따도 되느냐 묻지만, 사과나 무는 아직 안 된다고 말한다. 꽃이 피고 열매를 맺고 열매가 자라는 동 안에도 사과나무는 따지 못하게 한다. 그 사이 곰돌이는 참고 기다린 다. 마침내 가을이 되고, 사과가 탐스럽게 익은 뒤에야 따도록 허락한 다. 곰돌이는 사과를 따서 친구들과 맛있게 먹는 것으로 이야기는 끝 이 난다. 사과를 주식이라고 생각해 보자. 사람들은 매수한 종목이 1% 수익 중이라면 이거라도 팔아서 수익을 남기고 싶어 한다. 하지만 사과 가 다 익을 때까지 우직하게 기다리는 곰돌이처럼 주식도 수익이 커질 때까지 기다려야 한다.

낚시도 마찬가지다. 물고기를 잡기 위해서는 기다려야 한다. 바늘에 미끼를 끼워 바다에 던진 후 기다려야만 물고기를 잡을 수 있다. 그래 서 주식은 낚시에 비유되고는 한다. 미끼를 던지듯 1주, 2주 사 보는 것

서울대 엄마의 첫 주식 수업

이다. 어부가 미끼를 꽂아 바다에 툭 던져 놓고 기다리듯, 주식도 무심하게 사고선 기다려야 한다. 입질이 오기까지 꽤 오랜 시간이 걸리기도 한다. 학창 시절 낚시를 좋아하시던 선생님께 낚시가 왜 재미있는지 물은 적이 있다. 입질이 올 때까지 잠잠히 기다리는 그 시간의 재미와 물고기를 낚아 올리는 순간의 짜릿함이라는 선생님의 대답이 어렴풋이 기억난다. 그때는 이해하지 못했지만 이제는 이해할 수 있다. 주식을 매수하면서 담담히 기다릴 때의 시간과 큰 수익을 낼 때의 짜릿함은 선생님의 말씀과도 비슷할 거다.

횡보하던 주가가 움직이기 시작하는 때가 온다. 죽어 있던 거래량이 서서히 살아나면서 주가가 조금씩 상승하기 시작한다. 입질이 온 순간이다. 그때를 놓치지 않고 낚아챈다. 긴 기간 매수 끝에 얻는 수익이 주는 쾌감이란!

지금도 낚시를 하는 마음으로 주식을 한다. 물고기가 물 때까지 어부가 할 수 있는 건 기다리는 것이다. 수익이 날 때까지 내가 해야 할 일도 기다리는 것이다. 그래서 몇 달이 흘러도, 몇 년이 흘러도 기다릴 수 있다. 대어를 기다리는 마음으로 묵묵히 기다린다.

어느 날 편의점에 음료수를 사러 갔다가 점주 아저씨가 주식하는 것을 보았다. 오지랖 좋게 주식 잘 되시냐고 물었지만 아저씨의 반응은 씁쓸했다. 성격이 급해서 단타를 하는데 잘 안된다고 하셨다. 아저씨도 낚시를 하는 마음으로 주식 투자하면 수익 내기가 좋을 텐데. 그렇다면 온종일 호가 창 보기 대신 편의점을 더 잘 관리하고 마음의 여유도 생기실 텐데. 매일매일 조바심 나서 손절하기보다는 오히려 꾸준히 들고 있다 보면 큰 수익을 얻을 수 있다는 걸 아실 텐데. 나에게도 괜히 씁쓸한 기억으로 남아 있다.

2017. 09. 16. '거북이 투자법' 카페에 쓴 일기

주식으로 스트레스 받는 분들이 많네요

저도 주식 초보입니다.
매일 호가창 열심히 보고,
파란 불일 때는 침울해져요.
그래도 우리 스트레스 받지 말아요.

저는 주식을 낚시와 같다고 생각합니다.
잠잠한 물가를 보며 입질이 올 때까지
기다리다가 확 낚아채는 거죠!

요즘 제 종목이 하나둘 오르기 시작해서
하는 말일지 몰라도…
저 -40%인 종목도 있어요!
그리고 전체 평가액은 손실이 엄청나요.
-10%인 것도 꽤 많아서요.
그래도 굴하지 않습니다.
한 없이 떨어지다가 급등하기도 하는 게 주식이잖아요.

얼마 전 곤두박질치던 포스코ICT가
요즘 다시 올라서 빨간 불로 변했어요
(그리고 지 하실로 들어가던 종목이 솟구쳐 올랐는데 안 팔았더니 다시 쑥 꺼졌네요.
그때 팔 걸 싶지만 잊으려고요),
저는 이런 재미로 주식을 하는 것 같아요.
그래서 웬만한 파란 불은 그냥 지켜보게 됩니다. 상장 폐지당하지만 않으면
언젠가는 오르리라 생각합니다!

잘 대응하고, 분산 투자하고,
좋은 기업 찾아 투자하고,
가끔 보유한 종목에 대한 기사도 찾아보면서요.
분명히 좋은 기사가 많은데
주가가 자꾸 내려가면 그냥 더 사요.
하루에 커피 한잔 사서 마시듯이요.
그렇게 티 안 나게 평단가 낮추다가 슈팅!

물론 북한이 제 주식에 도움이 안 되는 건
맞는 것 같고요(농담).

그리고 제가 생각하는 주식의 장점은요,
사람 대 사람의 거래가 아니니까 편하더라고요.
내가 원하는 값이면 사고,
내가 원하는 값에 팔고요.
아무튼 이곳을 만나 제 마음이 참 편안해졌어요.
성공하는 투자하세요.

물타기란
무엇일까

꿈을 꾸었다. 함께 일했던 선생님께 문자가 왔다. 아들이 고3이 되면 교육비로 쓰려고 주식에 1,000만 원을 넣어 뒀는데 현재 −22%라고 했다. 손해를 보고서라도 팔아야 할지, 계속 가지고 있어야 할지 고민이라며 내게 조언을 구했다. 어려운 질문이었다. 종목이 뭔지 모르는데 뭐라고도 답할 수가 없었다. 꿈에서 물었다. "종목이 뭐예요?" 대답도 듣지 못하고 꿈에서 깼다.

100만 원이든 1,000만 원이든 자신이 투자한 종목이 오르기는커녕 마이너스가 심해지면 누구라도 마음이 흔들릴 수밖에 없다. 존엄하게 버티면 언젠가는 수익이 난다고 하지만 과연 얼마까지 버틸 수 있을까. 이럴 때 선택할 수 있는 방법은 세 가지이다.

❶ 손해를 보더라도 매도한다.

❷ 팔지도 않고 사지도 않은 채 묻어두고 버틴다.

❸ 물타기 해서 평단가를 낮춘다.

물타기란 짠 국에 물을 타서 농도를 낮추듯 마이너스인 종목을 추가로 매수해 평단가를 낮추는 투자법을 말한다. 흔히 사람들은 추가 매수와 물타기를 혼용해서 쓰지만 미묘한 차이가 있다. 주식 초보 시절, 카페에 "추가 매수했어요."라는 글을 올렸다. 그런데 한 주식 고수가 핵심을 찌르듯 댓글을 달았다. "그건 추가 매수가 아니라 물타기죠."

궁금했다. 추가 매수도 추가로 사는 거고 물타기도 추가로 사는 건데 뭐가 다른지. "추가 매수랑 물타기가 뭐가 달라요?"라고 묻자, "추가 매수는 계획에 있던 매수를 말하고, 물타기는 계획에 없던 매수를 말하죠."라고 고수는 답했다.

다시 꿈속 선생님의 질문으로 돌아가 보자. 만약 내 계좌에 −22%의 종목이 있다면 나는 어떤 선택을 했을까. 고민할 것도 없이 무조건 물타기를 해서 평단가를 낮출 것이다. 물론, 아무 종목이나 물타기를 할 수는 없다. 함부로 물타기 했다가는 바닥인 줄 알고 들어갔다가 지하실 구경할 수도 있다. 나 역시 지하실을 지나 벙커까지 갔다 온 경험이 있다. 당시 물타기로 평단가를 낮추고 나면 금방 주가가 올라 탈출한 경험이 많았던 터였다. 으레 하듯 별 계획 없이 무작정 물타기를 감행했다. 금방 오르리라는 기대 하에 주식 계좌에 있던 현금을 몽땅 털어 샀다. 결과는 처참했다. 비중은 커지고 주가는 벙커로 내려갔다. 식

겁한 마음에 물타기는 중단했다. 그때 깨달았다. 물타기에도 계획이 필요하다는 사실을. 그때부터 다양한 방법을 시도한 끝에 나만의 물타기 방법을 정리했다.

1. 마이너스 폭이 크면서 비중이 작은 종목을 택한다.
2. 종목에 대한 뉴스를 찾아본다.
3. 한 종목만 공략한다.
4. 최악의 경우를 염두에 두고 계획을 세운다.
5. 평단가를 미리 계산해 본다.

즉, 추가 매수와 물타기의 차이를 다음과 같이 정의한다. 추가 매수는 '일정 기간에 소량의 금액을 매수하는 것'이다. 종목의 보유 수를 조금씩 늘려 간다는 의미로 적금을 붓는 것과 같은 개념으로 매수하는 법'이다. 반면, 물타기는 '단시간에 평단가를 낮출 요량으로 비교적 큰 단위로 한번에 매수하는 것'이다. 내 계좌의 손익률이 낮아졌을 때 매수하는 법'이다.

서울대 엄마의 첫 주식 수업

물타기
실행하기

매수보다 중요한 것은 주가 폭락에 대한 대응이다. 그래서 물타기는 중요하다. 앞서 말한 물타기 방법을 구체적으로 살펴보자.

· 마이너스 폭이 크면서 비중이 작은 종목 택하기

:: 그림1. 자산조회 화면 ::

종목명	평가금액	손익률
A	5,000,000	−20.01
B	7,000,000	−13.02
C	3,000,000	−8.05
D	2,000,000	−15.50
E	500,000	−16.99
F	100,000	3.11
G	10,000,000	−3.84
H	1,000,000	−5.03

:: 그림2. 오름차순 정리 ::

종목명	평가금액	손익률
A	5,000,000	−20.01
E	500,000	−16.99
D	2,000,000	−15.50
B	7,000,000	−13.02
C	3,000,000	−8.05
H	1,000,000	−5.03
G	10,000,000	−3.84
F	100,000	3.11

주식 앱에서 '자산조회' 탭에 들어가면 그림1과 같은 화면이 보일 것이다. 핸드폰 화면에서 '손익률' 부분을 터치해 그림2와 같이 오름차순으로 정리한다. 계좌에서 −10% 이상 떨어진 종목 중에서 비중이 가장 작은 종목을 선택한다. 비중이 작기 때문에 적은 돈으로도 평단가를 충분히 낮출 수 있다. 손익률은 A 종목이 가장 낮지만 손익률이 낮으면서 비중도 작은 E 종목을 타깃으로 정한다. 비중이 작은 것만 생각하면 F 종목이지만 −2% 밖에 되지 않으므로 물을 탈 대상에서 제외한다.

:: 그림3. 잔고 상세 화면 ::

잔고상세	
종목명	종목번호
보유수량	
평균매입가	
현재가	
매입금액	
평가금액	
평가손익	
평가손익률	

확인

:: 그림4. E 종목의 잔고 상세 ::

E	******
보유수량	100
평균매입가	6,024
현재가	5,000
매입금액	602,400
평가금액	500,000
평가손익	-102,400
평가손익률	-16.99

확인

종목 명을 터치하면 그림3과 같이 종목에 대한 상세 내역이 나온다. 여기에서 '평균매입가'가 평단가를 의미한다. E 종목의 잔고 상세가 그

서울대 엄마의 첫 주식 수업

림4와 같다고 하자. 100주를 보유하고 있고, 평단가는 6,024원이다.

·종목에 대한 뉴스 찾아보기

E 종목을 타깃으로 했다고 해서 무작정 물타기 해서는 안 된다. 우선 E 종목의 주가가 왜 폭락했는지를 알아보아야 한다. 인터넷으로 기업에 관한 뉴스나 실적 공시 등을 찾아보자. 코로나19와 같은 대외 변수로 인해 폭락했다면 기업 자체의 문제가 아니니 절호의 매수 기회가 되지만, 실적이 적자여서 주가가 떨어진 경우는 신중해야 한다. 반면, 실적도 견고하고 큰 악재가 없다면 이 또한 매수 기회이다.

·한 종목만 공략하기

일명 한 놈만 패기! 때린 놈만 계속 때린다. 처음 매수할 때는 이 종목 저 종목 다양하게 매수하더라도 마이너스가 심해질 때는 한 종목만 집요하게 매수하면서 평단가를 낮춰가야 한다. 보유한 현금의 한계 때문이다. 모든 종목을 매수해 가며 평단가를 떨어뜨리면 좋겠지만 현금은 바닥 날 수밖에 없다. 그래서 마이너스가 심한 종목 하나를 골라가면서 꾸준히 매수해 가는 것이다. 한 종목씩 처리하다 보면 모든 종목을 탈출하는 날이 온다.

·최악의 경우를 염두에 두고 계획 세우기

이 종목을 반드시 탈출하고야 말겠다는 의지가 필요하다. 시간이 걸

리더라도 인내심을 가져야 한다. 제일 중요한 것은 주가가 바닥이라는 생각이 들더라도 더 떨어질 수 있다는 사실이다. 그래서 최악의 경우를 염두에 두고 세 단계로 계획한다.

:: 표1. E 종목 물타기 계획 예1 ::

종목명	매입가	주수	매입 금액
1차 물타기	5,000	100	500,000
2차 물타기	4,500	200	900,000
3차 물타기	4,100	300	1,230,000
총 필요한 현금			2,630,000

:: 표2. E 종목 물타기 계획 예2 ::

종목명	매입가	주수	매입 금액
1차 물타기	5,000	100	500,000
2차 물타기	4,500	200	900,000
3차 물타기	4,300	300	1,290,000
총 필요한 현금			2,690,000

표1과 표2는 E 종목 물타기 계획의 예시다. 현재 −17%에서 1차 물타기를 시행한다. 매수할 수량은 보유 수량과 같다. 2차, 3차에서는 주가에서 10%씩 더 내려갔을 때 실행한다. 주가가 내려갈수록 매수할 수량이 많도록 계획한다. 계획과 같이 매수하기 위해서 필요한 현금도 마련해 두어야 한다. 그래야 주가가 더 떨어져도 여유 있게 대응할 수 있다. 주가가 떨어져서 불안해할 필요 없이 실행에 옮길 단계가 왔다고 생각하면 된다. 실제로 내가 했을 때는 3단계 만큼 떨어진 경우는 거의 없었다. 하지만 사람 일은 모르는 법이니 안전하게 대응해야 한다. 예1과 예2의 차이는 3차 물타기 매입가이다. 주가 변동을 보고, 더이상 떨어지지 않고 횡보한다면 3차 물타기 매입가를 올려도 된다. 인생은 계획대로만 되지 않는다. 마찬가지로 주식도 계획대로만 되지 않는다. 뇌

서울대 엄마의 첫 주식 수업

동 매매는 피하되 융통성 있게 대처해야 한다!

· 평단가 계산하기

물타기를 실행하기 전에 평단가를 미리 계산해 볼 수 있다. 예상 평단가를 알면 물타기에 대한 두려움이 사라진다. 표1의 경우로 계산해 보자.

(1) 1차 물타기

기존 매입금: 602,400원 (100주 보유)

추가 매입금: 500,000원 (100주 매수)

총 매입금: 602,400+500,000=1,102,400원 (총 200주)

평단가: 1,102,400원÷200주 = 5,512원

(2) 2차 물타기

기존 매입금: 1,102,400원 (200주 보유)

추가 매입금: 900,000원 (200주 매수)

총 매입금: 1,102,400+900,000=2,002,400원 (총 400주)

평단가: 2,002,400원÷400주 = 5,006원

(3) 3차 물타기

기존 매입금: 2,002,400원 (400주 보유)

추가 매입금: 1,230,000원 (300주 매수)

총 매입금: 2,002,400+1,230,000=3,232,400원 (총 700주)

평단가: 3,232,400원÷700주 = 4,617원

3차까지 물타기를 시행하고 나면 6,024원이던 평단가가 4,617원까지 떨어지는 기적을 볼 수 있다. 계산이 어렵다면 인터넷으로 물타기 계산기를 검색해 이용할 수도 있다.

매도는
매수보다 어렵다

매도는 어렵다. 오를 때 팔면 된다지만 언제쯤 팔아야 할지 모르겠다. 팔고 나서 더 오를까 봐 불안하고, 안 팔았더니 떨어질까 봐 불안하다. 그에 반해 매수는 차라리 낫다. 내려갈 때마다 조금씩 사면서 내버려 두면 된다. 그럴 땐 마음이 편안하기까지 하다. 떨어질 대로 떨어져도 나는 절대 손절하지 않겠다는 생각으로 잊고 지낼 수도 있다.

그런데 종목이 갑자기 오르기 시작하면 마음이 싹 바뀐다. 널뛰는 주가와 같이 내 심장도 널뛴다. 마이너스만 보다가 플러스 보면 당장이라도 수익을 실현하고 싶어진다. 어떤 때는 징글징글해서 다 털어 버리고 싶은 마음마저 든다. 다시 마이너스로 떨어질까 불안한 마음까지 합해지면 본전에서 탈출하고 싶은 욕구가 마구 샘솟는다.

그런데 문제는 팔았더니 갑자기 쑥 오를 때다. 오랜 기간 매수하고, 물타기 하고, 버텨서 수익을 보았다고 기뻐했건만 팔았더니 더 올랐다면 누구라도 속병이 날 것이다. "팔았더니 오르네요."라는 말도 흔히 들린다. 그래서 매도에도 원칙이 필요하다. 내가 하는 매도 방법은 다음과 같다.

첫째, 물타기로 인해 비중이 늘어났을 때는 비중을 축소한다는 마음으로 약익절한다. 약익절이란 조금만 수익을 보고 매도한다는 의미이다. 내 경우에는 1~3% 정도를 말한다. 애초에 물타기는 원래 사려했던 금액이 아니므로 평단가를 낮췄다는 데 의의를 두어야 한다. 예를 들어, 한 종목당 500만 원까지만 사려고 했는데 700만 원까지 사게 되었다면 200만 원은 플러스로 전환했을 때 팔아서 현금을 확보해 둔다. 그래야 떨어질 때를 대비할 수 있다.

둘째, 횡보하던 주식이 급등할 경우에는 절반 매도한다. 주가의 급등은 호재성 뉴스로 인한 경우가 많다. '소문에 사서 뉴스에 팔아라'라는 말이 적용되는 순간이다. 호재성 뉴스로 오르고 나면 다음 날 다시 하락하는 경우가 비일비재하다. 코로나19 이후에는 '코로나 치료에 효과적이다'라는 기사한 줄로 엮여 급등하는 상황이 많았다. 백신 개발도 오래 걸리는데 치료에 효과적이라고 해서 상품화되어 기업이 성장하기까지는 긴 시간이 걸린다. 그렇기에 뉴스에는 파는 게 낫다. 대신 전량 매도하지 않는 이유는 내일 오를지 내릴지는 아무도 모르기 때문이다. 일부는 가져가다가 또 한 번 급등이 나오면 그 때 팔거나, 마이너스로 전환하면 다시 서서히 비중을 늘려간다.

셋째, 꾸준히 상승할 때는 1주, 2주씩 판다. 추가 상승이 너무 불 보 듯 뻔하여 '절대 안 팔 거다!'라는 생각이 드는 순간이 있다. 누가 봐 도 계속 상승할 것 같다. 그렇지만 나는 아주 소량은 판다. 일종의 적선 이다. 주식의 뒷 세계를 모두 안다고 자신할 수는 없지만 세력은 분명 히 존재한다. 주가를 움직이는 데는 대부분 세력의 힘이다. 세력이 주가 를 들어올리기 전에 원하는 것이 무엇이겠는가. 바로 물량이다. 개미들 이 가지고 있는 물량을 뺏어서 덩치를 부풀린 다음 주가를 올리고 싶 어 한다. 그러니까 물량을 줘야 주가가 오른다. 대신 소량만 준다. 그러 면 그 순간만큼은 "팔았더니 오르네요."라는 말이 찰떡같이 기쁠 것이 다. 또, 꾸준히 상승하며 신고가를 돌파할 때는 신고가를 기념하기 위 해서라도 판다. 맛집에 가서 사진을 찍어 인증하듯이 '고점에서 팔았다' 고 인증하는 거다. 누구에게? 나 자신에게! '와~ 나 고점에서 판 여자 야!'라며, 셀프 칭찬은 필수다.

주식을 하다 보면 후회가 되는 순간은 자주 찾아온다. 오늘 팔았더 니 내일 더 오르면 '왜 팔았을까'라는 후회, 올라도 안 팔았더니 다시 내려가 '그때 팔았어야 했는데'라는 후회 말이다. 그래서 매도에도 요령 이 필요하다. '왜 팔았을까'라는 후회를 하지 않기 위해 일부는 남겨 둬 야 하고, '그때 팔았어야 했는데'라는 후회를 하지 않기 위해 일부를 팔 아야 한다. 후회는 금물이다. 어떤 상황이든 긍정적으로 해석해야 주식 에도 자신감이 생긴다.

'왜 팔았을까'라는 후회 대신에 '일부라도 남겨 놓길 잘했다', 왜 안 팔았을까'라는 후회 대신에 '일부라도 팔길 잘 했다'라고 생각해야 한다. 그러다 보면 급등하는 주가에도 흔들리지 않는 해탈의 순간을 맞이할 수 있을 것이다.

2021. 07. 02. '거북이 투자법' 카페에 쓴 일기

내가 보유한 종목이 장중 신고가를 돌파할 때

내가 보유한 종목이 장중 신고가를 경신하면
심장은 뛰고 동공은 확장되고
일은 해야 하는데 손이 부들거리고
엉덩이가 씰룩거려 당장이라도 뛰쳐나가고 싶죠.
'지금 팔아야 하나, 더 오르려나.' 싶고요.
저는 이럴 때 딱 1주만 팝니다.
일종의 적선이죠. '세력에게 적선했다! 옜다, 수고비!' 하면서 말이죠.
내 1주 기부하면 주식은 잘 올라갑니다.

부처님이 그러셨죠.
모든 고통의 시작은 집착에서 시작된다고요.
내가 단 1주도 놓치지 않고 가겠다고 마음먹으면
고통이 밀려오는 법입니다.
수익률 인증은 하고 싶은데 더 오를 것 같고…
그런데 여기에서 떨어지면 안 팔아서 후회할 것 같고요.
그래서 저는 딱 1주만 팔아요.
그러면 '제가 팔았으니 이제 더 오르겠네요…' 같은 말은 아주 기쁜 말이 됩니다.

서울대 엄마의 첫 주식 수업

자동 매도가 주는
안도감

윗꼬리라는 걸 아는가. 차트에서 쓰는 용어인데, 주가가 당일 급등했다가 다시 내려와 위로 긴 선이 남는 걸 의미한다. 앞서 급등할 경우에는 절반 매도하길 권했다. 그러나 온종일 주식 창을 보는 건 아니기에 급등하는 순간을 잡기란 여간 쉽지 않다. 초보 시절 급등해서 좋아했더니 순식간에 주가가 제자리를 찾은 적이 많았다. 그런 일은 비일비재했다. 순식간에 급등했다가 망설이는 순간 떨어지는 것이다. 일명 똥침 쏘기다(당일 주가 변동이 똥침 쏘듯하여 내가 붙인 이름이다). 온종일 주가 창을 보고 있어도 급등하는 순간을 포착하기가 쉽지 않은데 일하면서는 더 어려웠다. 저녁에야 주가 창을 확인하면 윗꼬리가 남겨져 있을 뿐이었다. 그때의 쓸쓸함과 짜증은 경험해 본 사람만 알 것이다.

그래서 자동 매도는 필수다. 증권사마다 '주식 자동 주문'이라는 항목이 있다. 이것을 활용하자. 윗꼬리 출현에 대비하여 평단가의 상위 10% 가격으로 1/10의 수량만 자동 매도를 걸어 놓는다. 그러면 주가가 급등했을 때 자동으로 팔린다. 수량의 1/10만 자동 매도를 걸어 두는 건 매도 체결 문자를 받고 직접 대응하기 위해서이다(이때, 실시간 매매 체결 내역을 알려 주는 문자 수신이 설정되어 있어야 한다. 모른다면 증권사 고객센터로 문의하자. 여러모로 편하니 꼭 설정하길 추천한다).

두고두고 내 속을 썩이던 종목이 있었다. 2017년부터 매수하여 성급한 물타기로 비중까지 커졌던 종목이었다. 그런 종목이 바닥을 다지고서는 주가가 회복하던 시기가 왔다. 당연히 자동 매도 주문은 설정되어 있던 터였다. 늦게 일어난 평일 아침 서프라이즈 선물을 받았다. 일어나 보니 매도 체결 문자가 와 있었던 것이다. 아마 자동 매도 주문이 아니었다면 지금까지도 지나간 윗꼬리만 보며 슬퍼했을지도 모를 일이다. 그런 의미에서 자동 매도는 주식 창을 보지 않고도 안도할 수 있게 해주는 가장 큰 무기이다. 자동 매도는 필수!

서울대 엄마의 첫 주식 수업

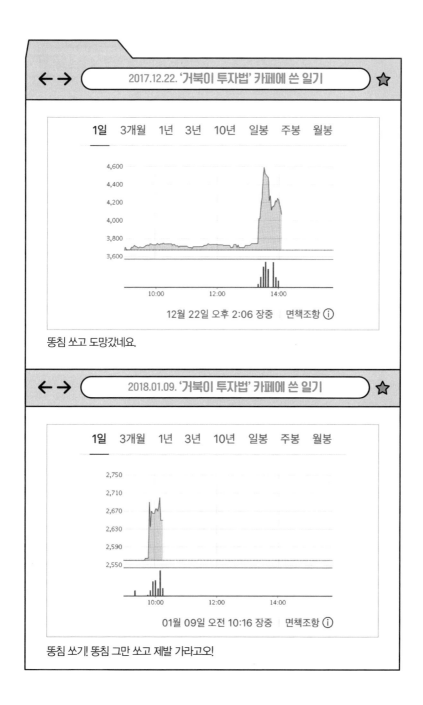

똥침 쏘고 도망갔네요.

똥침 쏘기! 똥침 그만 쏘고 제발 가라고오!

전업주부에게 자동 매도는 필수!

어젯밤에 뒤척이다가 늦게 잠들고
남편이 집에 있어 아들 아침을 맡긴 채 일어난 시간은 9:40.
그 사이 자동 매도 걸어둔 게 10% 급등! 매도 1/5 성공했습니다.
아~ 이왕할 거 20%에도 걸어둘 걸 하는 후회는 해 봤자 쓸모없고.
여러분 무조건 10% 수익 수준에 자동 매도 걸어 두세요.

고배당주 찾는 법

고배당주를 찾는 방법은 다양하지만, 나는 네이버 증권 카테고리에서 손쉽게 찾는 편이다. 네이버에 들어가서 '증권' 카테고리를 클릭한 후, '국내증시'에 들어가 '배당'을 누르자. 다음과 같은 화면이 뜰 것이다. 수익률이 높은 종목이 고배당주이다.

종목명	현재가	기준월	배당금	수익률 (%)	배당성향(%)	ROE (%)	PER (배)	PSR (배)	과거 3년 배당금		
									1년전	2년전	3년전
베트남개발1	236	20.02	90	37.96	–	–	–	–	4	199	90
서울가스	140,000	20.12	16,750	11.96	49.66	13.14	3.45	0.34	1,750	1,750	1,750
한국패러랠	2,020	20.12	236	11.63	–	–	–	–	165	200	205
한국ANKOR 유전	1,590	20.12	120	7.55	–	–	–	–	185	215	265
대신증권우	16,800	20.12	1,250	7.44	54.29	7.35	7.61	0.42	1,050	670	660
유수홀딩스	6,730	20.12	500	7.43	15.62	30.04	1.87	0.47	0	0	0
대신증권2우B	16,300	20.12	1,200	7.43	54.29	7.35	7.61	0.42	1,000	620	610
NH투자증권우	11,250	20.12	750	6.67	36.51	10.32	5.88	0.58	550	550	550
대동전자	7,500	20.03	500	6.67	97.78	3.26	7.36	0.19	0	0	0
메리츠증권	4,885	20.12	320	6.55	39.89	13.08	4.74	0.56	200	200	200
동아타이어	12,350	20.12	800	6.48	82.38	3.68	10.17	0.37	500	300	0
대신증권	18,600	20.12	1,200	6.45	54.29	7.35	7.61	0.42	1,000	620	610
동부건설	14,350	20.12	900	6.27	46.48	10.10	6.87	0.68	700	300	0
신영증권우	64,600	20.03	4,050	6.27	17.56	15.34	4.95	0.35	2,550	2,800	2,800

주식 관련 기본 용어 알기

■ 매매 기본 용어

• 매도·매수
매도는 주식을 파는 것을, 매수는 주식을 사는 것을 뜻한다.

• 시가·종가
시가는 하루 중에서 주식거래 가장 최초로 결정된 가격을, 종가는 주식 시장이 마감될 때 마지막으로 결정된 가격을 말한다.

• 시가총액
상장 주식을 시가로 평가한 것으로, 각 상장 종목의 상장 주식 수에 각각의 종가를 종가를 곱한 뒤 합계해 산출한다.

• 호가
내가 보유한 종목 매도 시 판매할 가격 또는 구매할 가격을 미리 걸어 두는 것을 말한다.

• 상한가·하한가
상한가는 주식 시장에서 개별 종목의 주가가 일별로 상승할 수 있는 최고 가격을 말한다. 하한가는 주식 시장에서 하루에 내릴 수 있는 최저 한도의 가격이다.

• 공시
사업 내용이나 재무 상황, 영업 실적 등 기업의 내용을 투자자 등 이해 관계자에게 알리는 제도이다. 주식 시장에서 가격과 거래에 영향을 줄 수 있는 중요 사항에 관한 정보를 알림으로써 공정한 가격 형성을 목적으로 한다.

• 손절
주가가 단기간에 상승할 가능성이 없거나 현재보다 더욱 하락할 것이 예상되어 손해를 감수하면서도 가지고 있는 주식을 매입 가격 이하로 파는 것을 말한다.

• 서킷 브레이커
주식 시장의 일시적인 매매 거래 중단 제도를 일컫는다. 코스피 지수나 코스닥 지수가 전일 대비 10% 이상 폭락한 상태가 1분간 지속하는 경우 서킷 브레이커가 발동된다.

- **매매 거래 정지**

  상장 법인이나 상장 유가 법인이 법령과 행정 명령, 업무 규정 위반의 이유로 투자자 보호와 시장 관리에 소홀할 경우, 증권 거래소가 유가 증권의 매매를 강제로 정지시키는 것이다.

- **공매도**

  특정 종목 주가가 하락할 것으로 전망되어 주식을 빌려 매도 주문을 내는 투자 전략이다.

- **우회 상장**

  비상장 기업이 상장 기업과의 합병 등을 통해 정상적인 신규 상장 심사 절차를 거치지 않고 곧바로 증권 시장에 상장되는 효과를 가지게 되는 것을 말한다.

- **홈트레이딩 시스템(HTS)**

  개인 투자자가 객장에 나가지 않고, 집이나 사무실에서 주식 거래를 할 수 있는 프로그램이다.

- **예수금·증거금**

  예수금은 주식 거래를 위해 계좌에 넣어둔 현금으로 매매가 가능한 금액이며, 증거금은 주식을 사게 되면 매수 금액의 일정 비율을 예수금에서 차감하는 금액으로 주식을 매수 시 최소한으로 있어야 하는 현금을 말한다.

- **미수금**

  유가 증권의 위탁 매매 시, 위탁자가 결제 시한 내에 대금을 내지 않아 증권사가 이를 대신해 낸 뒤 위탁자에게 돌려받지 못한 금액이다. 투자자가 당장 매수할 금액이 없어도 신용 거래처럼 총 투자금의 일부만으로도 주식을 매수할 수 있게 하기 위함이며, 부족한 부분은 나중에 넣을 수 있다.

- **선물**

  선매매 후 물건 인수 거래 방식이다. 상품이나 금융 자산을 미리 결정된 가격으로 미래 일정 시점에 인도, 인수할 것을 약속하는 거래를 말한다. 파생 상품의 한 종류이기도 하다.

- **순환매**

  증시에서 어떤 종목에 호재가 발생하여 투자자가 몰려 주가가 상승하게 될 경우, 그 종목과 연관성이 있는 종목도 주가가 상승하게 되는 것을 말한다.

- **턴어라운드 종목**
  기업 내실이 큰 폭으로 개선되어 주가가 급등, 상대적으로 높은 수익을 투자자에게 안겨
  주는 종목이다.

- **자전 거래**
  증권 시장에서 쓰이는 용어로, 동일한 투자자가 종목과 수량, 가격 등을 미리 정해 두고
  매도와 매수 주문을 내는 것이다.

- **블록딜**
  매도자와 매수자 간의 주식 대량 매매를 체결시켜 주는 제도를 말한다.

- **마일스톤 징크스**
  주가지수가 특정 분기점 도달을 앞두고 주춤거리는 현상을 말한다.

- **스캘핑**
  하루에도 수십, 수백 번 이상 분 단위 초 단위로 거래를 하며 단기 차익을 얻는 박리다매
  형 초단타 매매 기법을 말한다.

- **데이트 레이딩**
  매수한 주식을 당일 매도하는 초단타 매매 기법으로 당일매매(當日賣買)라고도 한다.

- **유상증자**
  기업이 주식을 새로 발행해 기존 주주나 새로운 주주에게 파는 것으로, 자금 확보 수단
  의 하나이다. 기업은 유상증자를 실시함에 있어 주주 배정, 일반 공모, 주주 우선공모, 제
  3자 배정 방식을 선택할 수 있다.

- **무상증자**
  주주의 주금 납입 없이 기업이 준비금의 자본 전입에 의하여 주식 자본을 증가시키고
  동액만큼의 신주를 발행하여 이를 주주에게 무상으로 할당하는 형태의 증자이다.

- **감자**
  주식회사가 주식 금액이나 주식 수의 감면 등을 통해 자본금을 줄이는 것으로, 증자에
  대비되는 개념이다.

서울대 엄마의 첫 주식 수업

■ 배당 관련 용어

· 배당
기업이 일정 기간 영업 활동을 해 발생한 이익 중 일부를 주주들에게 나눠 주는 것이다.

· 주식 배당
이익 배당의 전부 또는 일부를 주식으로 배당하는 것이다.

· 중간 배당
주식회사에서 영업연도 중간에 예상되는 이익이나 임의 준비금을 배당하는 것이다.

· 우선주
의결권이 없는 대신에 보통주보다 먼저 배당을 받을 수 있는 권리가 부여된 주식을 말한다.

· 권리락
주주가 현실적으로 주식을 소유하고 있더라도 주주명부가 폐쇄되거나 배정 기준일이 지나 신주를 받을 권리가 없어진 상태이다.

· 배당락
배당 기준일이 경과하여 배당금을 받을 권리가 없어지거나, 주식 배당으로 주식 수가 늘어난 것을 감안해 시가총액을 배당락 전과 동일하게 맞추기 위해 주가를 인위적으로 떨어뜨리는 것을 말한다.

■ 증시 거래 시간

장 시작 동시호가	08:30~09:00
장전 시간 외 종가	08:30~08:40 (전일 종가로 거래)
정규 시간	09:00~15:30
장 마감 동시호가	15:20~15:30
장후 시간 외 종가	15:40~16:00 (당일 종가로 거래)
시간 외 단일가	16:00~18:00 (10분 단위로 체결, 당일 종가대비 ±10% 가격으로 거래)

■ 주가 차트 및 지표 관련 용어

• 주가 차트
주가 흐름의 대세 여부를 가늠해 볼 수 있는 효과적인 도구 중의 하나로 매일매일의 주가 변동을 기록해 놓은 차트이다.

• 양봉·음봉
봉 차트(캔들 차트)에서, 종가가 시가보다 높아 빨간색으로 표시되는 것이 양봉이고, 종가가 시가보다 낮아 파란색으로 표시되는 것이 양봉이다.

• 일봉·주봉·월봉
하루 동안 주가의 시가, 고가, 저가 종가를 봉으로 나타낸 것을 일봉이라고 하고, 한 주간 주가를 봉으로 나타낸 것을 주봉이라고 한다. 월봉은 한 달간의 주가를 봉으로 나타낸 것이다.

• 이동 평균선
일정 기간의 주가를 산술 평균한 값인 주가 이동평균을 차례로 연결해 만든 선을 말한다.

• 지지선
주식 차트상에서 주가가 움직이는 중 그 저점과 저점을 연결하여 얻은 선으로, 주가가 어느 정도 이하로 하락하려는 추세를 저지시키는 일련의 낮은 주가 수준을 말한다.

• 저항선
주식 차트상에서 주가가 움직이는 과정에서 그 고점을 연결한 선으로, 주가가 어느 정도 이상으로 상승하려는 추세를 저지시키는 일련의 높은 주가 수준을 말한다.

• 골든 크로스
주가를 기술적으로 분석하여 예측하는 지표의 하나로, 주가나 거래량의 단기 이동 평균선이 중장기 이동 평균선을 아래에서 위로 돌파해 올라가는 현상을 말한다.

• 데드 크로스
주식 시장에서 주가의 단기 이동 평균선이 중장기 이동 평균선을 아래로 뚫는 현상을 가리킨다.

■ **자사주 관련 용어**

• **자사주 매입**

주가가 지나치게 낮게 평가됐을 때 적대적 M&A에 대비해 경영권을 보호하고 주가를 안정시키기 위해 기업이 자기 자금으로 자기 회사의 주식을 사들이는 것이다.

• **자사주 소각**

회사가 자사의 주식을 취득하여 이것을 소각하는 것으로, 발행 주식수를 줄여 주당 가치를 높이는 방법을 통해 주주 이익을 꾀하는 기법이다.

■ **증권거래소의 상장 폐지 기준**

① 12월 결산 상장법인이 결산기 말로부터 90일 이내(3월 31일)까지 사업보고서를 제출하지 않으면 관리 종목으로 지정하고 이후 10일 이내 미제출하면 상장 폐지토록 한다. 반기, 분기 보고서를 2회 연속 미제출 시에도 상장 폐지한다.

② 외부 감사인에게 '감사 의견 거절' 또는 '부적정' 판정을 받은 기업의 경우 곧바로 상장 폐지된다. 또한 감사 의견이 '한정'인 기업은 관리 종목에 지정하고, 두 차례 연속 '한정' 판정을 받으면 상장 폐지한다.

③ 수표와 어음의 부도 처리, 은행 거래 정지면 즉시 상장 폐지한다.

④ 회사 정리 절차를 개시하면 즉시 상장 폐지한다.

⑤ 자본금 전액 잠식 기업은 관리 종목 지정 없이 즉시 상장 폐지한다.

⑥ 자본금 50% 이상 잠식 기업은 관리 종목으로 지정하고 2년이 지속하면 상장 폐지한다.

⑦ 보통주 종가가 30일 연속 액면가 20% 미달하면 관리 종목 지정, 이후 90일 매매일 중 미달 상태가 10일 연속 혹은 30일 이상이면 상장 폐지한다.

⑧ 시가총액이 30일 연속 25억 원 미만 시 관리 종목 지정, 이후 90일 매매일 중 미달 상태가 10일 연속 혹은 30일 이상이면 상장 폐지한다.

⑨ 공시 의무 위반으로 관리 종목 지정 후 1년 내 불성실 공시법인으로 지정되거나 2년간 3회 이상 불성실 공시법인으로 지정되면 상장 폐지한다.

이 외에 2년간 연간 매출액이 50억 원 미만일 경우, 소액 주주 비율이 일정 기준에 달하지 못하거나, 분기의 월평균 거래량이 미달일 때, 증권거래법상 사외이사 수 및 감사 위원회 구성요건 미충족 시에도 상장 폐지한다.

서울대 엄마의 첫 주식 수업

PART 4

나의 주식
분투기

쫄보 시절의 주식 매매:
호텔신라

주식 계좌를 만들고 본격적으로 투자를 시작했을 때였다. 주식 햇병 아리라 아는 종목이 없었고, 당시 가장 화제의 주식은 삼성 그룹의 종목들이었다. 그중 나는 호텔신라 종목에 관심을 가졌다. 때마침 이재용과 이부진 대표에 대한 기사가 흘러나왔고, 이부진 대표에 관한 책도 읽었으며 호텔신라의 주가가 내려가 있었기 때문이다.

2017년 3월 15일에 200만 원가량으로 인생 첫 주식을 매수했다. 호텔신라 50주, 200만 원 몰빵! 되돌아보면 배짱이 두둑하다기보다 무모했다. 200만 원이었기에 망정이지 2억 원이었다면 집안을 말아먹었을 것이다. 어찌 되었건, 호텔신라는 매수 후 오르락내리락하며 조금씩 올랐다. 그러나 200만 원에서 조금이라도 마이너스가 되면 아무것도 할 수가 없었다. 멀쩡한 내 돈이 날아갈 것만 같아서 한 시도 주가 창에서 눈을 떼지 못했다. 그러다가 다시 플러스로 전환이 되어 1%라도 수익이 붙으면, '아, 지금이라도 팔아야 하나.' 미쳐 버릴 것 같았다. 주식은 원래 오르락내리락하는 건데 주식 햇병아리 시절에는 그걸 견딜 수가 없었다. 그래서 나는 결국 매수한 당일 바로 30주를 매도해 버렸다. 수익률 0.33%로 4,500원 수익. 수수료를 떼이기 전 금액이다. 수수료는 대략 0.3%가 붙으므로 실제로는 0.03%의 이익을 거두었다. 온종일 마음 졸인 걸 생각하면 그야말로 사서 마음고생한 셈이다. 그렇게 남은 20주로 며칠을 버티다가 1%의 수익을 남기고 모두 처분해 버렸다.

사실 매도와 매수는 단순하다. 문제는 마음을 다루는 것이다. 당시 나는 주식의 길이 멀고 험난한 것처럼 느껴졌다. 매도 뒤 호텔신라의 주식은 쭉쭉 올랐고 '아 그때 더 들고 있었어야 했구나.' 뒤늦게 깨달았다.

주식 입출고일	구분	수량	거래 금액	단가	총매 입금	평단가	평가 손익	손익률
2017.03.15	매수	50	2,242,500	44,850	2,242,500	44,850	0	0.00%
2017.03.15	매도	30	1,350,000	45,000	897,000	44,850	4,500	0.33%
2017.03.24	매도	20	906,000	45,300	0	44,850	9,000	1.00%

총매입	2,242,500	총매도	2,256,000	총손익	13,500	수익률	0.60%

한방 매수의 위험성: 대한전선

　주식을 처음 시작할 때는 '뭐가 그리 어려워서 난리지?' 싶고 초심자의 행운을 맛본 터라 오만했다. 한창 이렇게 자만해 있을 때 매수한 종목이 대한전선이다. 평소에 들어 본 기업이기도 했고 한번 대한전선이 눈에 들어오니 다른 건 보이지도 않았다. 아무튼 주식 초보 시절이라 대한전선의 주가는 충분히 하락한 것처럼 보였다. '와, 주가가 엄청 내려갔네?' 차트와 재무도 모르던 상황이라 매력적인 금액으로 보였다. 이보다 더 내려갈 리는 없겠다는 생각으로 2,000만 원이라는 투자금 전액을 대한전선에 넣었다. 그리고 나는 그 유명한 격언을 몸소 경험했다. 바닥인 줄 알았는데 지하실을 보고 온다는 격언 말이다. 2,000만 원에서 −1%만 되어도 20만 원이 날아갔다. 오르락내리락하는 주가를 보니 심장이 두방망이질쳤다. 며칠 끙끙 앓다가 손절을 감행했다. 인생 첫 손절이었다. 다행히 손절 후 주가는 점점 내려갔다.

　애초에 한방 매수한 것 자체가 큰 실수였다. 내가 지금 알고 있는 걸 그때도 알았더라면 내려갈 때마다 조금씩 더 모았으리라. 그러면 대한전선으로도 수익을 내고 매도했을 텐데 말이다. 이후로 나는 절대로 한방 매수하지 않는다. 이 깨달음을 얻는데 1,184,690의 수업료를 냈다.

주식 입출고일	구분	수량	거래 금액	단가	총매 입금	평단가	평가 손익	손익률
2017.03.21	매수	11598	21,050,370	1,815	21,050,370	1,815	0	0.00
2017.03.29	매도	410	722,150	1,761	20,306,220	1,815	-22,000	-2.96
2017.03.31	매도	11188	19,143,530	1,711	0	1,815	-1,162,690	-5.73

총매입	21,050,370	총매도	19,865,680	총손익	-1,184,690	수익률	-5.63%

대선 후보의 발언에
출렁이던 주가: 신일전자

마음을 다듬고 대한전선을 손절한 금액 일부를 신일전자에 투자했다. 역시나 차트나 재무에 대한 이해 없이 시작한 무모한 투자였다. 한방 매수의 위험성을 인지한 터라 예수금 전부를 투자하지는 않았다.

신일전자를 매수한 이유는 간단했다. 집에서 쓰는 청소기가 신일산업 제품이었기 때문이다. 잘 쓰는 제품이기도 했고, 신일전자 선풍기는 국민 제품이지 않은가(그때는 그랬다). 결과적으로 호텔신라보다 좋은 수익을 냈다. 1%의 고비를 넘기고 무려 4.4%의 수익을 냈으니까. 그렇게 차츰 주식 햇병아리에서 주식 초보의 길로 들어서고 있었다.

그러나 신일전자는 대선 테마주로 묶이면서 주가의 변동이 심했다. 특히, 대선 토론회에서 한 후보자의 발언에 따라 그림1과 같이 4월 3일 하루 만에 급등과 급락을 반복하는 묘기를 부렸다.

게다가 내 수익을 보고 남편도 본인 계좌로 투자하게 되었는데, 주가의 등락에 심장이 떨려 둘 다 핸드폰을 손에서 놓지 못했다. 그러고는 단타는 내 적성이 아님을 알았다.

주식 입출고일	구분	수량	거래 금액	단가	총매 입금	평단가	평가 손익	손익률
2017.03.29	매수	99	198,990	2,010	198,990	2,010	0	0.00
2017.04.03	매도	60	126,000	2,100	78,390	2,010	5,400	4.48
2017.04.04	매도	39	81,315	2,085	0	2,010	2,925	3.73

총매입	198,990	총매도	207,315	총손익	8,325	수익률	4.18%

유상증자와 무상증자: 대창스틸

어설프게 주식 투자를 하다가 어설프게 남 따라 산 주식이 대창스틸이다. 이 주식으로 산전수전을 겪었다. 주식을 시작하면서 인터넷으로 타 종목 주가를 검색하다가 누군가 대창스틸 추천과 함께 수익을 인증한 글을 보았다. 더 검색해 보니 대창스틸이 대세처럼 보였다. 얼른 따라 사야 할 것 같은 조바심에 덜컥 큰돈으로 대창스틸을 매수했다. 그러고는 나도 개미들을 따라 "물렸네, 물렸어." 타령을 했다. 남들이 수익을 볼 때 올라타서 꼭지에서 산 것이다. 손절은 쉽지 않았다. 더 오를 거라 말하는 사람이 많았기 때문이다. 그러나 대창스틸은 4월 3일 급등 후 이후 계속 내려가기만 했다.

내가 처음 매수했을 때는 6,068원이다. 그런데 그날 이후 쭉쭉 떨어지기만 했고 며칠 만에 -10%를 찍었다. 심장이 떨리고 돈이 공중분해 될 것만 같았다. 이정도에서 손절해야 할지 팔아야 할지, 계속 보유하고 있을지 판단도 할 수 없었다. 그래서 밤에 일어나 인터넷에 대창스틸을 검색해 관련 글을 모조리 찾아 읽었다.

이때 알게 된 곳이 내가 사랑하는 '거북이 투자법' 온라인 카페다. 나는 거북이 투자법 카페 활동을 하며 공부 삼아 대창스틸에 물타기를 시도했다. 마이너스가 되면 불안했지만 상장 폐지될 종목은 아니라고 믿고 꾸준히 매수했다.

게다가 유상증자와 무상증자라는 초보에게는 생소한 경험까지 하게 되었다. '증자'란 쉽게 말해 기업이 주식의 수를 늘리는 것이며, 유상증자는 주주에게 돈을 받고 주식을 주는 거고 무상증자는 공짜로 주식을 주는 것이다. 또한 주주의 입장에서 유상증자는 손해를 볼 수 있고, 무상증자는 이득을 보게 된다. 단, 유상증자 시 기업은 기존 주주에게 조금 더 싼값으로 주식을 추가 구매할 기회를 준다. 그러나 주식 수가 늘어났으므로 기존 주식의 가치는 떨어져 손해를 보게 된다.

어쨌든 나는 기존에 보유하고 있던 주식 수에 비례해 신주를 살 수 있었고, 신주인수권을 받아 청약을 했다. 어차피 유상증자를 포기하면 신주인수권을 터무니없는 가격에 팔아야 하기도 했다. 그렇게 나는 다음번에 있을 무상증자 전에 주식을 늘릴 생각에 계속 매입해 6,068원이었던 주식을 3,974원까지 낮추는 데 성공했다(물론 유상증자와 무상증자, 추가 매수까지 해 꾸준히 매입했다). 초보자에게는 혹독한 경험이었지만, 겁을 먹고 추가 매수를 하지 않았다면 내 평단가는 계속 제자리였을 것이다. 결과적으로 대창스틸은 두 번의 증자 이후 4,000원대를 회복하고 플러스로 돌아섰으며, 나는 플러스로 전환된 후 조금씩 매도해 17.41%의 수익을 기록했다. 투자 기간은 7개월 보름. 이 경험으로 나는 마이너스가 되어도 당황하지 않을 수 있었다.

꾸준한 매수로 얻은
승리의 80.61%: 파라다이스

파라다이스는 어떻게 매수를 시작했는지 모르겠는데, 매수하고 나서야 카지노 관련주라는 걸 알았다. 이거저거 재고 따지면 아무것도 매수할 수 없다는 걸 알기에 어떤 종목이든 조금 사고 주가가 내려가면 조금씩 더 사기로 한 때였다. 파라다이스는 인천에 있는 파라다이스시티를 보유한 회사로, 당시 중국의 한류 금지령으로 카지노 관련주가 많이 내려가 있던 때였다. 첫 매수는 16,770원으로 시작했는데, 매수한 후 12,900원까지 내려갔고 나는 내려갈 때마다 꾸준히 매수했다. 2,000만 원까지는 매수할 계획이었다. 당시 개봉하는 영화가 파라다이스시티를 배경으로 한다고 해서 주가가 오를 거라는 기대 심리도 있었다. 그러나 개봉 결과는 참담했다. 주가는 더 내려갔다. 그래도 한류 금지령이 완화될 거라는 희망, 파라다이스시티 오픈을 앞둔 상황이라 곧 상승하리라는 기대는 저버리지 않았다. 불안하긴 했지만, 추가 매수하며 평단가를 낮추는 일을 멈추지 않은 것이다. 손절은 생각하지 않았다. 폭락할 때도 손절하지 않는 나를 보고 남편은 일단 손절했다가 더 내려갔을 때 다시 들어가라고 했지만 나는 그러지 않았다. 한 번 손절한 종목을 다시 매수하기란 어려운 법이며, 무엇보다 주가가 어디까지 하락하고, 어디에서 반등할지 알 수 없기 때문이다. 그냥 나는 오늘의 주가에 최선을 다할 뿐이었다. 그러다가 희소식이 들려왔다!

파라다이스의 흑자 전환 소식이었다(주식을 하다 보니 계속 이익만 내는 종목보다 적자에서 흑자로 전환할 때의 주가가 크게 뛴다는 걸 알게 되었다). 주가는 매일같이 치솟았다. 매도할 때는 매도하는 대로 또 안절부절못한다. 내려갈 때는 더 산다는 확고한 신념이 있었지만, 오를 때는 도대체 언제 팔아야 할지를 몰라 불안했다. 내일 더 오를까 싶어 못 팔겠고, 오를 만큼 올랐는데 못 팔고 있나 불안하고. 그래서 생각한 방법이 매일 조금씩 팔기였다. 내일 더 오르면 남은 주식을 팔 수 있고, 내일 내려가면 더 떨어지기 전에 팔았으니 최고의 수익을 찍었다는 만족감도 얻을 수 있다. 그리고 결과적으로 파라다이스는 최고 80.6%의 수익을 냈다. 최고액에서 팔지는 못했지만 나만의 기록을 남길 수 있었다는 점, 나름 고가에 팔았다는 만족감으로 후회는 없다. 물론 그때 다 팔면 좋았지만 미래를 점칠 수는 없다. 50%가 되었을 때 충분히 오를 만큼 올랐다고 판단해 팔았다면 80%가 넘는 수익을 올리지 못했을 것이다. 그래서 나는 절대로 한 번에 다 팔지 않는다. 매수할 때와 마찬가지로 조금씩 나누어서 판다.

주식 입출고일	구분	수량	거래 금액	단가	총매 입금	평단가	평가 손익	손익률
2017.05.25	매수	50	838,500	16,770	838,500	16,770	0	0.00
2017.05.26	매수	30	496,000	16,533	1,334,500	16,681	−11,833	−0.89
2017.05.29	매수	30	490,000	16,333	1,824,500	16,586	−27,833	−1.53
2017.05.30	매수	5	80,000	16,000	1,904,500	16,561	−64,500	−3.39
2017.05.31	매수	80	1,248,000	15,600	3,152,500	16,167	−110,500	−3.51
2017.06.01	매수	100	1,559,000	15,590	4,711,500	15,971	−112,450	−2.39
2017.06.02	매수	30	459,500	15,317	5,171,000	15,911	−193,083	−3.73
2017.06.05	매수	6	92,100	15,350	5,263,100	15,901	−182,250	−3.46
2017.06.07	매수	5	75,650	15,130	5,338,750	15,889	−255,070	−4.78
2017.06.09	매수	10	154,000	15,400	5,492,750	15,875	−164,350	−2.99
2017.06.14	매수	62	972,200	15,681	6,464,950	15,845	−67,247	−1.04
2017.06.15	매수	42	655,650	15,611	7,120,600	15,824	−95,779	−1.35
2017.06.16	매수	110	1,689,000	15,355	8,809,600	15,731	−211,055	−2.40
2017.06.19	매수	20	306,000	15,300	9,115,600	15,717	−241,600	−2.65
2017.06.21	매수	5	75,500	15,100	9,191,100	15,711	−357,600	−3.89
2017.06.23	매수	31	477,950	15,418	9,669,050	15,697	−171,721	−1.78
2017.06.26	매수	10	154,500	15,450	9,823,550	15,693	−151,850	−1.55
2017.06.29	매수	20	294,500	14,725	10,118,050	15,663	−605,700	−5.99
2017.07.04	매수	10	144,500	14,450	10,262,550	15,644	−783,350	−7.63
2017.07.13	매수	10	129,000	12,900	10,391,550	15,603	−1,800,150	−17.32
2017.08.11	매수	44	663,900	15,089	11,055,450	15,571	−342,518	−3.10
2017.08.14	매수	20	297,500	14,875	11,352,950	15,552	−494,200	−4.35
2017.08.16	매수	20	293,250	14,663	11,646,200	15,528	−649,325	−5.58
2017.08.17	매수	15	220,500	14,700	11,866,700	15,512	−621,200	−5.23
2017.08.22	매수	20	294,000	14,700	12,160,700	15,491	−621,200	−5.11
2017.08.23	매수	5	74,000	14,800	12,234,700	15,487	−542,700	−4.44
2017.08.25	매수	20	289,500	14,475	12,524,200	15,462	−799,450	−6.38
2017.08.29	매수	25	373,000	14,920	12,897,200	15,446	−439,000	−3.40
2017.08.30	매수	30	455,500	15,183	13,352,700	15,437	−219,117	−1.64
2017.09.01	매수	60	908,500	15,142	14,261,200	15,418	−255,158	−1.79
2017.09.04	매수	57	838,400	14,709	15,099,600	15,376	−655,586	−4.34
2017.09.06	매수	35	502,750	14,364	15,602,350	15,342	−993,871	−6.37
2017.09.07	매수	20	279,000	13,950	15,881,350	15,315	−1,415,200	−8.91
2017.09.08	매수	30	423,500	14,117	16,304,850	15,281	−1,242,367	−7.62
2017.09.11	매수	60	816,000	13,600	17,120,850	15,192	−1,793,650	−10.48
2017.09.12	매수	65	882,500	13,577	18,003,350	15,103	−1,819,658	−10.11
2017.09.28	매수	45	634,500	14,100	18,637,850	15,067	−1,196,150	−6.42
2017.10.13	매도	21	328,350	15,636	18,321,443	15,067	11,943	3.77
2017.10.16	매도	1	16,200	16,200	18,306,377	15,067	1,133	7.52

서울대 엄마의 첫 주식 수업

2017.10.17	매도	2	32,650	16,325	18,276,243	15,067	2,516	8.35
2017.10.24	매도	4	71,600	17,900	18,215,975	15,067	11,332	18.80
2017.10.27	매도	4	73,150	18,288	18,155,707	15,067	12,882	21.37
2017.10.30	매도	7	132,950	18,993	18,050,238	15,067	27,481	26.06
2017.10.31	매도	1	19,900	19,900	18,035,171	15,067	4,833	32.08
2017.11.01	매도	2	40,950	20,475	18,005,037	15,067	10,816	35.89
2017.11.07	매도	1	20,300	20,300	17,989,970	15,067	5,233	34.73
2017.11.08	매도	10	204,000	20,400	17,839,300	15,067	53,330	35.40
2017.11.09	매도	52	1,113,600	21,415	17,055,817	15,067	330,117	42.13
2017.11.14	매도	10	248,500	24,850	16,905,148	15,067	97,830	64.93
2017.11.15	매도	1	24,950	24,950	16,890,081	15,067	9,883	65.59
2017.11.16	매도	12	308,800	25,733	16,709,277	15,067	127,996	70.79
2017.11.17	매도	4	108,850	27,213	16,649,009	15,067	48,582	80.61
2017.11.21	매도	80	1,973,000	24,663	15,443,651	15,067	767,642	63.69
2017.11.22	매도	104	2,610,250	25,099	13,876,685	15,067	1,043,284	66.58
2017.11.27	매도	1	25,950	25,950	13,861,618	15,067	10,883	72.23
2017.12.06	매도	22	588,350	26,743	13,530,145	15,067	256,877	77.50
2018.01.02	매도	5	111,000	22,200	13,454,810	15,067	35,665	47.34
2018.01.05	매도	10	226,500	22,650	13,304,140	15,067	75,830	50.33
2018.01.10	매도	10	209,000	20,900	13,153,471	15,067	58,330	38.71
2018.01.12	매도	31	713,900	23,029	12,686,394	15,067	246,824	52.84
2018.01.15	매도	61	1,400,950	22,966	11,767,309	15,067	481,864	52.43
2018.01.17	매도	40	893,000	22,325	11,164,630	15,067	290,321	48.17
2018.01.18	매도	15	336,500	22,433	10,938,625	15,067	110,495	48.89
2018.01.19	매도	100	2,441,500	24,415	9,431,927	15,067	934,802	62.04
2018.04.02	매도	100	2,040,000	20,400	7,925,230	15,067	533,302	35.40
2018.04.03	매도	200	4,200,000	21,000	4,911,834	15,067	1,186,605	39.38
2018.04.12	매도	163	3,691,950	22,650	2,455,917	15,067	1,236,033	50.33
2018.04.16	매도	60	1,288,500	21,475	1,551,899	15,067	384,481	42.53
2018.04.20	매도	51	1,185,750	23,250	783,483	15,067	417,334	54.31
2018.07.02	매도	52	951,600	18,300	0	15,067	168,117	21.46

총매입	18,637,850	총매도	27,632,450	수수료	85,361	총손익	8,994,600	48.26%

해마다 사고팔기 좋은 효자 종목: 메리츠 계열 주

내가 좋아하는 《엄마, 주식 사주세요》의 저자 존 리는 메리츠자산운용의 대표다. 내가 메리츠 계열사에 투자한 것도 이 단순한 이유였다. 주식을 권유한 분이 일하는 회사이니 믿을 만하지 않을까라는 이유 말이다. 메리츠로 시작하는 종목은 세 가지다. 메리츠화재, 메리츠증권, 메리츠금융지주. 그리고 이 세 종목은 적자도 나지 않고 꾸준히 매출액이 증가하는 추세이며, 배당률도 높다.

2020년은 코로나19로 주가가 폭락하던 시기였다. 주가 대비 배당률이 높아진 이유다. 배당률은 쉽게 말해 내가 투자한 원금에 대한 이자율이라고 볼 수 있으므로 똑같은 200원의 배당금을 주더라도 주가가 1,000원일 때는 20%의 가치가, 주가가 1만 원일 때는 2%의 가치가 된다. 바로 시가배당률이다. 내가 이 종목들을 좋아하는 이유는 배당률이 높기 때문이다. 주가가 내려가면 내려가는 대로 배당 수익이 높아서 좋고, 주가가 올라가면 올라가는 대로 주식을 매도해서 이익을 챙길 수가 있다. 즉, 이 종목들은 내려가든 올라가든 보유하면 무조건 좋다. 그

:: 메리츠화재 시가배당률 ::

	2016년	2017년	2018년	2019년	2020년
12월 말 기준 주가	15,300	23,500	21,850	17,850	14,600
주당배당금(원)	830	1,140	820	850	1,280
시가배당률(%)	5.42	4.85	3.75	4.76	8.77

:: 메리츠증권 시가배당률 ::

	2016년	2017년	2018년	2019년	2020년
12월 말 기준 주가	3,460	4,575	4,280	3,790	3,665
주당배당금(원)	200	200	200	200	320
시가배당률(%)	5.78	4.37	4.67	5.28	8.73

:: 메리츠금융지주 시가배당률 ::

	2016년	2017년	2018년	2019년	2020년
12월 말 기준 주가	11,100	15,050	11,550	11,800	9,810
주당배당금(원)	300	520	470	550	900
시가배당률(%)	2.70	3.46	4.07	4.66	9.17

래서 나는 단골처럼 1년에 한 번씩 매수했다가 오르면 매도하기를 반복한다. 실제로 메리츠금융지주의 경우 약 11개월의 투자 기간 동안 14,550원으로 시작해 12,237원의 평단가를 맞춰 최고 17.68%의 수익을 낸 바 있다. 아래는 메리츠금융지주의 투자 사례다.

주식 입출고일	구분	수량	거래 금액	단가	총매 입금	평단가	평가 손익	손익률
2018.05.16	매수	1	14,550	14,550	14,550	14,550	0	0.00
2018.05.25	매수	10	140,500	14,050	155,050	14,095	−500	−0.32
2018.05.30	매수	50	700,000	14,000	855,050	14,017	−1,050	−0.12
2018.06.05	매수	10	139,000	13,900	994,050	14,001	−7,150	−0.72
2018.06.12	매수	20	273,500	13,675	1,267,550	13,929	−23,125	−1.82
2018.06.14	매수	10	137,000	13,700	1,404,550	13,906	−20,850	−1.48
2018.06.15	매수	20	273,000	13,650	1,677,550	13,864	−25,900	−1.54
2018.06.18	매수	30	406,500	13,550	2,084,050	13,802	−38,000	−1.82
2018.06.19	매수	10	135,000	13,500	2,219,050	13,783	−45,550	−2.05
2018.07.03	매수	20	264,500	13,225	2,483,550	13,721	−89,825	−3.62
2018.08.06	매수	80	1,009,500	12,619	3,493,050	13,383	−199,556	−5.71
2018.08.10	매수	65	822,000	12,646	4,315,050	13,236	−192,404	−4.46
2018.08.13	매수	20	251,000	12,550	4,566,050	13,197	−223,750	−4.90
2018.08.17	매수	19	240,350	12,650	4,806,400	13,168	−189,150	−3.94
2018.08.29	매수	50	620,000	12,400	5,426,400	13,076	−280,400	−5.17
2018.09.12	매수	19	230,850	12,150	5,657,250	13,035	−384,150	−6.79
2018.09.13	매수	36	435,100	12,086	6,092,350	12,962	−411,878	−6.76
2018.09.27	매수	17	208,250	12,250	6,300,600	12,938	−334,850	−5.31
2018.10.02	매수	39	488,950	12,537	6,789,550	12,908	−194,994	−2.87
2018.10.11	매수	10	123,500	12,350	6,913,050	12,897	−293,450	−4.24
2018.10.12	매수	10	122,000	12,200	7,035,050	12,885	−373,850	−5.31
2018.10.15	매수	20	236,000	11,800	7,271,050	12,846	−592,250	−8.15
2018.10.29	매수	20	224,000	11,200	7,495,050	12,790	−931,850	−12.43
2018.11.08	매수	2	22,400	11,200	7,517,450	12,785	−931,850	−12.40
2018.11.20	매수	15	177,750	11,850	7,695,200	12,762	−549,650	−7.14
2018.11.23	매수	76	896,800	11,800	8,592,000	12,654	−579,800	−6.75
2018.11.28	매수	58	693,100	11,950	9,285,100	12,599	−477,950	−5.15
2018.12.12	매수	85	973,250	11,450	10,258,350	12,480	−846,450	−8.25
2018.12.21	매수	30	345,900	11,530	10,604,250	12,446	−780,690	−7.36
2018.12.24	매수	58	684,400	11,800	11,288,650	12,405	−550,650	−4.88
2018.12.27	매수	100	1,202,300	12,023	12,490,950	12,367	−347,720	−2.78
2019.01.10	매수	6	69,000	11,500	12,559,950	12,362	−875,950	−6.97
2019.01.11	매수	166	1,905,700	11,480	14,465,650	12,238	−896,148	−6.20
2019.01.23	매수	10	120,500	12,050	14,586,150	12,237	−222,550	−1.53
2019.02.11	매도	30	375,000	12,500	14,219,049	12,237	7,899	2.15
2019.02.18	매도	10	123,500	12,350	14,096,682	12,237	1,133	0.93
2019.02.19	매도	20	250,500	12,525	13,851,948	12,237	5,766	2.36
2019.02.20	매도	1	12,650	12,650	13,839,711	12,237	413	3.38
2019.02.26	매도	20	252,500	12,625	13,594,977	12,237	7,766	3.17

2019.02.27	매도	10	126,000	12,600	13,472,610	12,237	3,633	2.97
2019.02.28	매도	20	252,500	12,625	13,227,876	12,237	7,766	3.17
2019.03.04	매도	10	128,500	12,850	13,105,509	12,237	6,133	5.01
2019.03.05	매도	20	255,000	12,750	12,860,775	12,237	10,266	4.19
2019.03.08	매도	10	130,500	13,050	12,738,408	12,237	8,133	6.65
2019.03.11	매도	20	263,000	13,150	12,493,674	12,237	18,266	7.46
2019.03.18	매도	6	82,200	13,700	12,420,254	12,237	8,780	11.96
2019.03.19	매도	40	554,500	13,863	11,930,785	12,237	65,032	13.29
2019.03.20	매도	20	279,500	13,975	11,686,051	12,237	34,766	14.21
2019.03.21	매도	30	423,500	14,117	11,318,950	12,237	56,399	15.36
2019.03.22	매도	25	355,250	14,210	11,013,033	12,237	49,332	16.13
2019.03.25	매도	5	72,000	14,400	10,951,849	12,237	10,816	17.68
2019.03.26	매도	9	128,850	14,317	10,841,719	12,237	18,720	17.00
2019.03.28	매도	60	828,500	13,808	10,107,517	12,237	94,298	12.84
2019.03.29	매도	10	138,500	13,850	9,985,150	12,237	16,133	13.18
2019.04.01	매도	90	1,258,500	13,983	8,883,846	12,237	157,197	14.27
2019.04.02	매도	90	1,275,000	14,167	7,782,543	12,237	173,697	15.77
2019.04.03	매도	10	142,000	14,200	7,660,176	12,237	19,633	16.04
2019.04.04	매도	10	143,000	14,300	7,537,809	12,237	20,633	16.86
2019.04.05	매도	10	142,250	14,225	7,415,442	12,237	19,883	16.25
2019.04.09	매도	110	1,535,000	13,955	6,069,405	12,237	188,963	14.04
2019.04.10	매도	17	241,650	14,215	5,861,381	12,237	33,626	16.16
2019.04.11	매도	30	430,000	14,333	5,494,280	12,237	62,899	17.13
2019.04.12	매도	10	142,000	14,200	5,371,913	12,237	19,633	16.04
2019.04.15	매도	30	423,000	14,100	5,004,812	12,237	55,899	15.23
2019.04.17	매도	5	69,500	13,900	4,943,628	12,237	8,316	13.59
2019.04.18	매도	80	1,089,750	13,622	3,964,692	12,237	110,814	11.32
2019.04.23	매도	73	970,900	13,300	3,071,412	12,237	77,621	8.69
2019.04.24	매도	76	1,003,200	13,200	2,141,423	12,237	73,211	7.87
2019.04.25	매도	175	2,285,000	13,057	0	12,237	143,577	6.70

총매입	14,586,150	총매도	16,183,200	총손익	1,597,050	수익률	10.95%

여느 종목과 마찬가지로 오르락내리락한다. 그리고 표를 보면 알겠
지만 내가 산 이후로 주식은 줄곧 내려갔다. 감사한 일이다. 계속 매
수하면 평단가를 낮추고 비중을 늘릴 수 있기 때문이다. 반대로 폭등

할지라도 나는 전액을 투자하지 않는다. 꾸준히 분할 매수할 뿐이다. 표를 보면 2019년 2월부터 내 평단가보다 주가가 오르기 시작한다. 나는 그때부터 소량씩 팔았다. 메리츠금융지주와 함께 자주 매수하는 종목은 메리츠증권이다. 메리츠화재는 두 종목에 비해 관심이 떨어지는데 이유는 가격이 조금 비싸기 때문이다. 아래 표는 2018년과 2021년 메리츠증권 투자 사례다.

주식 입출고일	구분	수량	거래 금액	단가	총매 입금	평단가	평가 손익	손익률
2018.05.16	매수	1	4,335	4,335	4,335	4,335	0	0.00
2018.05.17	매수	30	127,400	4,247	131,735	4,250	−88	−0.07
2018.06.01	매수	30	121,500	4,050	253,235	4,151	−6,185	−2.44
2018.06.05	매수	100	403,500	4,035	656,735	4,079	−7,100	−1.08
2018.07.11	매수	250	872,500	3,490	1,529,235	3,721	−94,845	−6.20
2018.07.23	매수	300	1,042,500	3,475	2,571,735	3,617	−101,010	−3.93
2018.07.31	매수	16	56,400	3,525	2,628,135	3,615	−65,460	−2.49
2018.08.01	매수	48	168,240	3,505	2,796,375	3,608	−80,000	−2.86
2018.08.06	매수	100	350,000	3,500	3,146,375	3,596	−83,875	−2.67
2018.08.09	매도	20	72,700	3,635	3,074,458	3,596	783	1.09
2018.08.16	매수	72	250,560	3,480	3,325,018	3,587	−99,058	−2.98
2018.09.12	매도	50	195,750	3,915	3,145,675	3,587	16,407	9.15
2018.09.13	매도	10	40,000	4,000	3,109,806	3,587	4,131	11.52
2018.09.27	매도	50	206,500	4,130	2,930,463	3,587	27,157	15.14
2018.10.01	매도	263	1,097,840	4,174	1,987,120	3,587	154,496	16.38
2018.10.12	매도	200	788,000	3,940	1,269,748	3,587	70,628	9.85
2018.10.15	매도	354	1,338,120	3,780	0	3,587	68,372	5.38

총매입	3,396,935	총매도	3,738,910	총손익	341,975	수익률	10.07%

서울대 엄마의 첫 주식 수업

주식 입출고일	구분	수량	거래 금액	단가	총매 입금	평단가	평가 손익	손익률
2020.10.13	매수	15	48,950	3,263	48,950	3,263	0	0.00
2020.10.16	매수	3	9,795	3,265	58,745	3,264	25	0.04
2020.10.19	매수	50	161,000	3,220	219,745	3,232	−785	−0.36
2020.11.18	매도	10	37,400	3,740	187,430	3,232	5,085	15.73
2020.11.24	매도	29	108,315	3,735	93,715	3,232	14,600	15.58
2020.12.14	매도	29	110,200	3,800	0	3,232	16,485	17.59

총매입	219,745	총매도	255,915	총손익	36,170	수익률	16.46%

주식 입출고일	구분	수량	거래 금액	단가	총매 입금	평단가	평가 손익	손익률
2021.05.12	매수	100	500,000	5,000	500,000	5,000	0	0.00
2021.05.13	매수	40	197,250	4,931	697,250	4,980	−6,875	−0.99
2021.05.14	매수	685	3,355,625	4,899	4,052,875	4,913	−11,429	−0.28
2021.05.20	매수	1379	6,177,275	4,480	10,230,150	4,642	−357,261	−3.49
2021.05.24	매수	15	63,825	4,255	10,293,975	4,639	−852,130	−8.28
2021.06.01	매수	3	13,410	4,470	10,307,385	4,639	−375,045	−3.64
2021.06.09	매수	1	4,480	4,480	10,311,865	4,639	−352,825	−3.42
2021.06.16	매수	74	317,525	4,291	10,629,390	4,628	−773,242	−7.27
2021.06.21	매수	710	3,094,180	4,358	13,723,570	4,564	−619,064	−4.51
2021.06.23	매수	104	460,200	4,425	14,183,770	4,559	−417,595	−2.94
2021.06.25	매수	836	3,749,600	4,485	17,933,370	4,544	−230,414	−1.28
2021.06.29	매도	1000	4,670,000	4,670	13,389,826	4,544	126,456	2.78
2021.07.02	매도	75	353,900	4,719	13,049,060	4,544	13,134	3.85

총매입	17,933,370	총매도	5,023,900	총손익	139,590	수익률	0.78%

이처럼 메리츠 계열의 주식은 언제나 옳다. 게다가 메리츠는 상장 폐지의 우려가 향후 몇 년간 없을 것으로 예상된다(단, 2021년 배당 정책 변경으로 향후 배당금은 떨어질 것으로 보인다).

자사주 매입은 언제나 옳다: 유비쿼스홀딩스

대창스틸과 파라다이스 매매 성공으로 주식 투자에 조금씩 자신감이 붙었다. 분할 매수, 버티기, 분할 매도 원칙에 따라 투자하는 일이 즐겁기까지 했다. 종목 선정에 대한 큰 고민은 없었다. 투자 카페의 추천주를 보며 사면되니. 유비쿼스홀딩스도 거북이 투자법 카페에서 글을 보다가 매수했다.

유비쿼스홀딩스 첫 매수는 2018년 1월 10일이다. 매수 후 주가는 등락을 반복하며 내려갔다. 차트를 보니 차트만으로 미래를 예측할 수 없다는 진리가 느껴진다. 저렇게 내려가던 차트가 언제 급등할지 누가 알았을까. "이 자리가 저점입니다."라고 말할 수 있는 건 오로지 시간이 지난 후뿐이다. 나는 주가가 내려가도 꾸준히 매수했다. 7월의 어느 날 급등한 적은 있지만 주가 창을 온종일 보는 게 아니어서 몰랐다. 급등한 이유는 '자사주 소각 및 자기주식 취득' 뉴스 때문이었다. 주주들에게는 호재이다. 얼마 후 주식은 정말로 우상향했다. 뉴스가 나온 후 나역시 꾸준히 매수하며 평단가를 낮췄다. 최초 평단가 6,900원에서 최종 5,773원으로 맞추었고, 약 10개월간 총 1,100만 원 매수 후 6.72%의 이익을 보았다. 수익은 764,410원이다.

주식 입출고일	구분	수량	거래 금액	단가	총매 입금	현재가	평단가	평가 손익	손익률
2018.01.10	매수	10	69,000	6,900	69,000	6,900	6,900	0	0.00
2018.01.11	매수	40	269,400	6,735	338,400	6,735	6,768	−1,650	−0.49
2018.01.12	매수	200	1,310,000	6,550	1,648,400	6,550	6,594	−10,900	−0.66
2018.01.19	매수	50	308,000	6,160	1,956,400	6,160	6,521	−108,400	−5.54
2018.01.23	매수	127	799,810	6,298	2,756,210	6,298	6,455	−67,085	−2.43
2018.01.24	매수	100	629,000	6,290	3,385,210	6,290	6,424	−70,380	−2.08
2018.02.01	매도	11	74,030	6,730	3,314,551	6,730	6,424	3,371	4.77
2018.02.02	매도	1	6,740	6,740	3,308,127	6,740	6,424	316	4.93
2018.02.12	매수	12	75,000	6,250	3,383,127	6,250	6,420	−89,377	−2.64
2018.04.04	매수	300	1,832,000	6,107	5,215,127	6,107	6,306	−164,914	−3.16
2018.04.06	매수	50	301,500	6,030	5,516,627	6,030	6,290	−228,317	−4.14
2018.06.14	매수	100	565,000	5,650	6,081,627	5,650	6,225	−561,577	−9.23
2018.06.15	매수	200	1,115,000	5,575	7,196,627	5,575	6,114	−634,852	−8.82
2018.07.09	매수	400	2,077,000	5,193	9,273,627	5,193	5,881	−1,085,055	−11.70
2018.07.10	매수	100	510,000	5,100	9,783,627	5,100	5,834	−1,230,927	−12.58
2018.08.02	매수	130	694,760	5,344	10,478,387	5,344	5,799	−821,223	−7.84

2018.08.28	매수	50	273,500	5,470	10,751,887	5,470	5,790	−594,097	−5.53
2018.08.29	매수	100	545,000	5,450	11,296,887	5,450	5,773	−631,237	−5.59
2018.09.13	매도	320	1,884,000	5,888	9,449,670	5,888	5,773	36,783	1.99
2018.09.20	매도	200	1,271,000	6,355	8,295,160	6,355	5,773	116,489	10.09
2018.10.01	매도	300	1,903,000	6,343	6,563,393	6,343	5,773	171,234	9.89
2018.10.02	매도	100	654,500	6,545	5,986,138	6,545	5,773	77,245	13.38
2018.10.04	매도	10	67,800	6,780	5,928,413	6,780	5,773	10,074	17.45
2018.10.05	매도	20	134,300	6,715	5,812,961	6,715	5,773	18,849	16.33
2018.10.08	매도	125	835,550	6,684	5,091,392	6,684	5,773	113,981	15.80
2018.10.12	매도	201	1,241,180	6,175	3,931,109	6,175	5,773	80,897	6.97
2018.10.15	매도	681	4,066,280	5,971	0	5,971	5,773	135,171	3.44

총매입	11,373,970	총매도	12,138,380	총손익	764,410	수익률	6.72%

자사주 소각 소식은 좋은 뉴스다. 이런 뉴스가 나오면 주가가 치솟
는다. 내가 매도한 이후로도 주식은 계속 올라 최고 53,100원까지 올
랐다. 가치 투자자들이 장기 투자해야 한다고 말하는 이유를 알겠다.
다시 한번 깨닫는다. 자기 그릇만큼 먹는다. 53,100원까지 버틸 재간이
내겐 없었다.

테마주 투자하다가 골로 간 종목: 한일현대시멘트

　때는 2018년 5월, 한창 남북정상회담이 화두에 오르던 시기였다. 2017년 이후 남편에게는 주식에서 손을 떼라고 말을 해둔 터였다. 그런 남편이 남북정상회담에 달아올랐다. 대북 테마주 현대로템과 대아티아이를 단타로 몇 번 매수해 수익을 남겼던 모양이다. 거기서 자신감이 붙었던지 돈이 조금만 더 있으면 수익을 남길 수 있단다. 왜 개미들이 주식 투자를 해서 집안을 풍비박산 내는지 느낄 수 있는 대목이다. 돈이 조금만 더 있으면 한방에 투자해서 큰 수익을 낼 수 있을 거라는 착각. 그러니 빚을 내서 몽땅 투자하나 보다. 내 남편 역시 그랬다. 자기가 가진 돈이 적으니 내가 투자하는 돈에서 일부만 떼어 달란다. 주식 투자를 시작하고 1년간 꾸준히 수익을 내왔지만 내 현실 계좌는 언제나 마이너스였다. 왜냐하면 마이너스가 되면 꾸준히 사 모으고 적당히 수익이 나면 팔았기에, 매도하지 않고 남아 있는 주식은 당연히 마이너스일 수밖에.

남편은 내 계좌를 보며 한숨을 쉬었다. 그러면서 나에게 '다달이 수익을 내어 오면 참 좋을 텐데…'라는 배부른 소리를 했다. 남편은 내가 주식을 쉽게 한다고 느껴지는 모양이다. 아무튼 남편은 남북정상회담 소식을 다시 오지 않을 기회로 여겼고 자꾸만 내 투자금에서 1,000만 원만 떼어 달라고 했다. 딱 잘라 거절할 것인가, 한 번 해 보라며 통크게 내어놓을 것인가. 공교롭게도 당시 내 통장에는 성과금과 연말정신 환급금, 배당금으로 여윳돈이 있던 시기였고, 나는 남편을 한 번 더믿어 보기로 했다. 그러고는 잊고 지내다가 2019년이 되었다. 세상에. 1,000만 원은 반타작이 나 있었다. 종목은 현대로템, 한일시멘트, 현대건설, 현대엘리베이터, 오르비텍. 그중에서 오르비텍의 하락은 어마어마했다. 평단가 9,700원에 주가는 대략 5,200원 선, 손익률은 −46% 부근. 정말이지 지금에서야 하는 말이지만 오르비텍은 진짜 탈출하지 못할 줄 알았다. 마이너스도 심하고, 기업에 대한 확신도 없고, 언제 반등할지도 모르겠어서 정말 포기하다시피 했다. 실제로 −58% 손익에서일부 손절을 감행하기도 했으니 얼마나 내적 갈등이 많았겠는가.

한일현대시멘트는 2018년 5월 31일을 정점으로 주가가 계속 떨어졌다. 83,500원이던 주가는 곤두박질쳐서 내가 계좌를 넘겨받은 2019년 1월에는 5만 원 선에서 움직이고 있었다. 그래서 나는 최대 50주까지사면서 평단가를 낮추어 나갔다. 테마주여서인지 쉽사리 회복될 기미가 보이지 않았다. 그러다가 코로나19로 주가가 폭락한 2020년 3월을 최저로 해서 서서히 회복세를 보였고, 2020년 4월 22일에는 급등과 대량 거래 출몰로 다시 하락하다가 2020년 11월부터 서서히 회복세으로 돌아섰다. 이때다 싶었다! 마침 엄마에게 받은 1,000만 원이 있어서 강하게 물타기를 했다. 그리하여 43,848원이던 평단가는 34,597원으로 쭉 떨어졌고 나는 무난하게 탈출할 수 있었다. 질기기도 질긴 2년간의 싸움에서 승리한 것이다.

주식 입출고일	구분	수량	거래 금액	단가	총매 입금	현재가	평단가	평가 손익	손익률
2018.06.04	매수	21	1,753,500	83,500	1,753,500	83,500	83,500	0	0.00
2019.01.24	매수	5	251,700	50,340	2,005,200	50,340	77,123	−696,360	−34.73
2019.02.08	매수	5	271,000	54,200	2,276,200	54,200	73,426	−596,000	−26.18
2019.02.11	매수	50	2,886,000	57,720	5,162,200	57,720	63,731	−486,880	−9.43
2019.04.01	매수	50	1,927,500	38,550	7,089,700	38,550	54,120	−2,039,650	−28.77
2019.04.03	매수	13	548,600	42,200	7,638,300	42,200	53,044	−1,561,500	−20.44
2019.10.08	매수	26	1,004,900	38,650	8,643,200	38,650	50,842	−2,072,700	−23.98
2020.04.20	매도	16	485,500	30,344	7,829,722	30,344	50,842	−327,978	−40.32
2020.08.13	매수	10	320,000	32,000	8,149,722	32,000	49,693	−2,901,722	−35.61
2020.08.18	매수	32	996,800	31,150	9,146,522	31,150	46,666	−3,041,122	−33.25
2020.09.28	매수	29	719,200	24,800	9,865,722	24,800	43,848	−4,285,722	−43.44
2020.12.17	매수	350	10,027,500	28,650	19,893,222	28,650	34,597	−3,419,472	−17.19
2020.12.22	매수	75	2,118,750	28,250	22,011,972	28,250	33,865	−3,649,472	−16.58
2021.01.13	매수	10	297,500	29,750	22,309,472	29,750	33,802	−2,674,472	−11.99
2021.01.21	매도	6	205,200	34,200	22,106,659	34,200	33,802	2,387	1.18
2021.01.22	매도	10	341,500	34,150	21,768,637	34,150	33,802	3,478	1.03
2021.01.25	매도	200	7,000,000	35,000	15,008,190	35,000	33,802	239,554	3.54
2021.01.26	매도	333	12,876,000	38,667	3,752,048	38,667	33,802	1,619,857	14.39
2021.02.02	매도	111	3,990,450	35,950	0	35,950	33,802	238,402	6.35

총매입	23,122,950	총매도	24,898,650	총손익	1,775,700	수익률	7.68%

특별한 이슈 없이
매년 투자하는 종목: 동원개발

동원개발은 메리츠 계열의 종목 못지않게 내가 좋아하는 종목이다. 아주 단순하게 '부산, 경남권에서 알아주는 건설사'로 이해하면 좋은 기업으로 동원개발 장복만 대표를 검색해 봐도 좋은 기사가 많다. 성금과 기부로 노블레스 오블리주를 실천하는 분 같달까. 기업 실적만 봐도

:: 동원개발의 5년간 주가 추이 ::

　　　　　　　　　　　　　서울대 엄마의 첫 주식 수업

매출액은 꾸준히 증가하고 적자 한번 없다.

그림과 같이 지난 5년간의 주가 변동을 살펴보면 이 종목 역시 등락을 반복한다. 2020년 3월 27일 모든 종목이 코로나19 팬데믹으로 폭락할 때 동원개발 역시 최저가를 기록한다. 그러나 이후 주가는 꾸준히 상승했다. 그렇다면 동원개발은 앞으로 더 오를 것인가 내릴 것인가? 누구도 답할 수 없다. 다만, 일단 사고 싶으면 산다. 소량. 그리고 내 평단가보다 주가가 내려가면 조금씩 꾸준히 매수하고, 상장 폐지만 되지 않으면 수익이 나리라는 기대를 한다(동원개발은 앞으로도 상장 폐지는 되지 않을 거라 생각한다). 하지만 주식은 언젠가 결국은 오른다. 동원개발 주가의 등락을 살펴보았을 때 1년간 꾸준히 매수만 하면 충분히 이익을 남길 수 있을 걸로 보인다. 실제로 2019년 10월 24일에 최초 매수가 4,420원에서 약 12개월간 평단가 3,615원으로 낮춰 15.51%의 최고 수익을 맛보았다.

주식 입출고일	구분	수량	거래 금액	단가	총매 입금	현재가	평단가	평가 손익	손익률
2019.10.24	매수	100	442,000	4,420	442,000	4,420	4,420	0	0.00
2019.11.01	매수	306	1,332,600	4,355	1,774,600	4,355	4,371	−6,510	−0.37
2019.11.05	매수	5	21,825	4,365	1,796,425	4,365	4,371	−2,410	−0.13
2019.12.03	매수	100	405,500	4,055	2,201,925	4,055	4,309	−129,820	−5.90
2019.12.10	매수	31	126,170	4,070	2,328,095	4,070	4,295	−122,155	−5.25
2019.12.12	매수	65	266,500	4,100	2,594,595	4,100	4,274	−105,895	−4.08
2020.01.28	매수	130	520,150	4,001	3,114,745	4,001	4,226	−165,895	−5.33
2020.02.04	매수	112	437,360	3,905	3,552,105	3,905	4,184	−236,760	−6.67
2020.02.12	매수	100	382,500	3,825	3,934,605	3,825	4,146	−304,680	−7.74
2020.04.09	매수	406	1,393,865	3,433	5,328,470	3,433	3,932	−676,531	−12.70

2020.04.28	매수	1063	3,715,185	3,495	9,043,655	3,495	3,740	−592,745	−6.55
2020.04.29	매수	493	1,720,570	3,490	10,764,225	3,490	3,698	−604,835	−5.62
2020.06.01	매수	144	524,880	3,645	11,289,105	3,645	3,695	−153,630	−1.36
2020.06.05	매수	100	363,000	3,630	11,652,105	3,630	3,693	−199,455	−1.71
2020.06.08	매수	180	651,600	3,620	12,303,705	3,620	3,689	−231,005	−1.88
2020.06.24	매수	465	1,597,275	3,435	13,900,980	3,435	3,658	−847,980	−6.10
2020.07.06	매수	79	262,280	3,320	14,163,260	3,320	3,651	−1,284,980	−9.07
2020.07.09	매수	190	640,300	3,370	14,803,560	3,370	3,638	−1,091,030	−7.37
2020.07.16	매수	140	465,500	3,325	15,269,060	3,325	3,628	−1,274,135	−8.34
2020.07.27	매수	71	248,575	3,501	15,517,635	3,501	3,626	−533,114	−3.44
2020.07.28	매수	325	1,139,125	3,505	16,656,760	3,505	3,617	−516,235	−3.10
2020.07.30	매수	200	718,500	3,593	17,375,260	3,593	3,616	−113,298	0.05
2020.07.31	매도	230	839,200	3,649	16,543,562	3,649	3,616	7,502	0.90
2020.07.31	매수	100	360,500	3,605	16,904,062	3,605	3,616	−50,687	−0.30
2020.08.03	매도	200	729,000	3,645	16,180,893	3,645	3,616	5,832	0.81
2020.08.05	매도	410	1,509,850	3,683	14,698,398	3,683	3,616	27,355	1.85
2020.08.06	매도	220	832,500	3,784	13,902,913	3,784	3,616	37,015	4.65
2020.08.12	매수	145	519,820	3,585	14,422,733	3,585	3,615	−118,720	−0.82
2020.08.14	매도	250	944,750	3,779	13,519,053	3,779	3,615	41,070	4.54
2020.08.31	매수	10	35,425	3,543	13,554,478	3,543	3,615	−270,103	−1.99
2020.09.02	매도	700	2,668,500	3,812	11,024,309	3,812	3,615	138,331	5.47
2020.09.03	매도	1283	5,208,300	4,059	6,386,870	4,059	3,615	570,861	12.31
2020.09.07	매도	100	408,000	4,080	6,025,417	4,080	3,615	46,547	12.88
2020.09.10	매도	380	1,544,450	4,064	4,651,897	4,064	3,615	170,930	12.44
2020.09.14	매도	130	521,900	4,015	4,182,008	4,015	3,615	52,011	11.07
2020.09.16	매도	50	202,750	4,055	4,001,282	4,055	3,615	22,024	12.19
2020.09.17	매도	7	28,320	4,046	3,975,980	4,046	3,615	3,018	11.93
2020.10.06	매도	82	326,110	3,977	3,679,589	3,977	3,615	29,719	10.03
2020.10.08	매도	185	738,925	3,994	3,010,901	3,994	3,615	70,237	10.50
2020.10.13	매도	250	994,750	3,979	2,107,269	3,979	3,615	91,118	10.08
2020.10.14	매도	183	737,785	4,032	1,445,811	4,032	3,615	76,326	11.54
2020.10.16	매도	400	1,670,000	4,175	0	4,175	3,615	224,189	15.51

총매입	18,291,005	총매도	19,905,090	총손익	1,614,085	수익률	8.82%

분할 상장을 경험하다: 효성중공업

효성중공업은 효성에서 분살되어 나온 종목으로, 당시 효성을 1주 보유하고 있으면, 효성 0.39주, 효성티앤씨 0.12주, 효성중공업 0.26주, 효성첨단소재 0.12주, 효성화학 0.09주가 배정되었고 1주로 딱 떨어지지 않는 경우에는 차액을 현금으로 입금해 주었다. 당시 나는 효성 9주를 보유하고 있어서 효성중공업의 주식을 보유하게 된 경우다. 특별한 목적을 가지고 들어간 종목이 아니라 재수 없게 들어간 종목이라고 할 수 있다.

그런데 이게 무슨 일인가! 내가 받은 효성과 효성중공업, 효성첨단소재는 폭락하고, 내가 받지 못한 효성티앤씨와 효성화학은 상한가에 다다르는 게 아닌가. 그날 효성중공업은 47,050원까지 내려갔다가 55,600원으로 장을 마감했다. 배신감이 들었다. 시가와 상관없이 내 계좌에 찍힌 효성중공업의 평단가는 127,000원! 하루 만에 반타작이 난 것이다. 1주였기에 망정이지 100주를 보유했다면 기절했을 것이다.

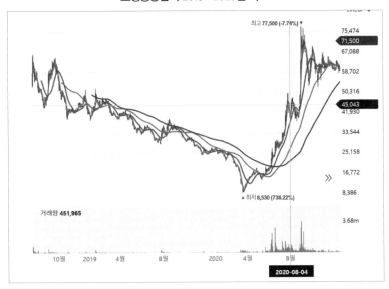

:: 효성중공업의 2019~2020년 차트 ::

효성중공업이 특별히 기억에 남는 건 2020년 3월 19일 코로나19로 코스피 지수가 폭락할 때 내 계좌에서 무려 −78.25%를 기록했다는 것이다. 그림과 같이 2020년 3월에 8,550원까지 떨어졌다. 하지만 앞서 말했듯이 손절하지 않고 다른 종목에 집중하고 있던 사이 알아서 상승해 수익을 주었다.

주식 입출고일	구분	수량	거래 금액	단가	총매 입금	평단가	평가 손익	손익률
2018.07.13	매수	1	127,000	127,000	127,000	127,000	0	0.00
2018.09.10	매수	66	3,851,200	58,352	3,978,200	59,376	−68,648	−1.73
2018.09.13	매도	6	368,800	61,467	3,621,943	59,376	12,543	3.52
2018.09.17	매도	1	62,200	62,200	3,562,567	59,376	2,824	4.76
2018.10.02	매도	5	300,500	60,100	3,265,687	59,376	3,619	1.22
2019.01.11	매수	11	453,200	41,200	3,718,887	56,347	−999,687	−26.88
2019.01.29	매수	6	274,800	45,800	3,993,687	55,468	−696,087	−17.43
2019.02.14	매수	42	1,944,000	46,286	5,937,687	52,085	−661,115	−11.13
2019.02.27	매수	15	688,500	45,900	6,626,187	51,366	−705,087	−10.64
2019.03.07	매수	26	1,119,250	43,048	7,745,437	49,971	−1,072,985	−13.85
2019.03.08	매수	50	2,150,000	43,000	9,895,437	48,270	−1,080,437	−10.92
2019.03.11	매수	10	423,000	42,300	10,318,437	47,993	−1,223,937	−11.86
2019.03.26	매수	5	200,000	40,000	10,518,437	47,811	−1,718,437	−16.34
2019.03.27	매수	10	393,500	39,350	10,911,937	47,443	−1,861,437	−17.06
2019.04.23	매수	10	409,500	40,950	11,321,437	47,173	−1,493,437	−13.19
2019.04.25	매수	10	397,000	39,700	11,718,437	46,874	−1,793,437	−15.30
2019.08.16	매수	11	392,700	35,700	12,111,137	46,403	−2,793,437	−23.07
2020.01.10	매수	100	2,460,000	24,600	14,571,137	40,363	−5,690,537	−39.05
2020.01.21	매수	30	762,000	25,400	15,333,137	39,215	−5,401,737	−35.23
2020.07.24	매도	10	408,000	40,800	14,940,985	39,215	15,848	4.04
2020.07.27	매도	30	1,238,650	41,288	13,764,529	39,215	62,195	5.29
2020.07.28	매도	5	216,650	43,330	13,568,453	39,215	20,574	10.49
2020.07.29	매도	79	3,587,400	45,410	10,470,454	39,215	489,401	15.80
2020.07.30	매도	10	480,500	48,050	10,078,302	39,215	88,348	22.53
2020.07.31	매도	92	4,328,100	47,045	6,470,505	39,215	720,303	19.97
2020.08.03	매도	49	2,117,500	43,214	4,548,961	39,215	195,956	10.20
2020.08.04	매도	6	266,050	44,342	4,313,670	39,215	30,759	13.07
2020.08.05	매도	110	4,402,750	40,025	0	39,215	89,080	2.07

총매입	16,045,650	총매도	17,777,100	총손익	1,731,450	수익률	10.79%

손절하지 않아 다행이야: 넥슨지티

여기저기서 어쭙잖게 들어서 입성하게 되는 종목이 있다. 이런 종목은 확신이 없기에 막상 들어가면 불안하다. 넥슨지티도 그중 하나였다. 2018년 5월에 10,350원으로 처음 매수하기 시작했다. 이후, 주가는 등락을 반복하면서도 꾸준히 떨어지더니 급기야 6,120원까지 떨어졌다. 마이너스일 때마다 매수하여 평단가를 9,124원까지 낮추었지만 코스피 지수도 떨어지던 시기였기에 더이상 넥슨지티를 물타기 할 여력이 없었다. 끝을 모르고 떨어지는 넥슨지티를 보며 이쯤에서라도 매도하고 정리를 할까 심각하게 고민했다. 결과적으로 매각 뉴스가 나오면서 상한가로 치솟았다. 덕분에 최고 57.82%의 수익을 남기게 해준 효자 종목이 되었다. 정말 손절하지 않아서 다행이었다. 팔지 않으면 마이너스는 마이너스가 아니라는 것을 실감했다.

매각 뉴스에 넥슨지티는 연일 화제였다. 그때 개미들은 몰려든다. 하지만 돈을 버는 사람은 뉴스가 나오기 훨씬 전부터 주식을 보유하고

서울대 엄마의 첫 주식 수업

있던 사람들이다. 반면 주식이 급등해 떠들썩할 때 사는 사람은 상투에서 잡을 확률이 높다. 그래서 돈을 잃을 확률도 높아진다. 매각 뉴스에 다른 사람들이 신규 매수하여 주가 등락에 일희일비하는 동안 나는 50%의 수익률로 매도할 수 있었다.

화제의 종목을 관심에 두고 싶다면 보초병으로 1주만 사 보자. 그리고 이후 급락하는 동안 느긋하게 매수하다 보면 다시 한 번 화제에 올라 수익을 남길 기회를 만날 것이다.

주식 입출고일	구분	수량	거래 금액	단가	총매 입금	현재가	평단가	평가 손익	손익률
2018.05.31	매수	10	103,500	10,350	103,500	10,350	10,350	0	0.00
2018.06.01	매수	40	390,000	9,750	493,500	9,750	9,870	−6,000	−1.22
2018.06.19	매수	32	300,480	9,390	793,980	9,390	9,683	−24,000	−3.02
2018.07.06	매수	127	1,157,910	9,117	1,951,890	9,117	9,339	−46,353	−2.37
2018.07.09	매수	150	1,355,000	9,033	3,306,890	9,033	9,211	−63,923	−1.93
2018.09.17	매수	20	156,300	7,815	3,463,190	7,815	9,138	−501,305	−14.48
2018.11.15	매수	9	78,390	8,710	3,541,580	8,710	9,128	−162,100	−4.58
2018.11.16	매도	40	367,900	9,198	3,176,469	9,198	9,128	2,789	0.76
2018.11.16	매수	18	163,260	9,070	3,339,729	9,070	9,125	−20,109	−0.60
2018.11.20	매도	30	275,400	9,180	3,065,980	9,180	9,125	1,652	0.60
2018.11.20	매수	10	90,980	9,098	3,156,960	9,098	9,124	−9,052	−0.29
2018.11.21	매수	1	9,080	9,080	3,166,040	9,080	9,124	−15,280	−0.48
2018.11.23	매도	70	644,100	9,201	2,527,358	9,201	9,124	5,417	0.85
2019.01.08	매도	57	566,750	9,943	2,007,288	9,943	9,124	46,680	8.98
2019.01.09	매도	40	484,500	12,113	1,642,326	12,113	9,124	119,539	32.75
2019.01.10	매도	10	128,000	12,800	1,551,086	12,800	9,124	36,760	40.29
2019.01.11	매도	56	697,200	12,450	1,040,140	12,450	9,124	186,254	36.45
2019.01.14	매도	85	1,001,550	11,783	264,597	11,783	9,124	226,007	29.14
2019.01.17	매도	14	193,900	13,850	136,861	13,850	9,124	66,163	51.80
2019.01.25	매도	15	216,000	14,400	0	14,400	9,124	79,139	57.82

총매입	3,804,900	총매도	4,575,300	총손익	770,400	수익률	20.25%

서울대 엄마의 첫 주식 수업

PART 5

주식을 대하는 주부의 바른 자세

돈에 대한
인내심부터 기르자

2017년 2월부터 주식 투자를 시작했고 현재 5년 차이다. 이 책은 더도 말고 덜도 말고 5년간 주식을 한 주식 초보의 관점에서 쓴 책이다. 성공담을 이야기할 수는 없지만 −80%에도 굴하지 않고 연 6~7%의 수익을 올리고 있다는 건 자랑스럽게 말할 수 있다.

인내심을 갖고 주식을 할 수 있었던 건 10년짜리 개인연금을 깨지 않고 납부한 내공 덕분이 아닌가 싶다. 25살, 사회 초년생 시절에 은행에 갔다가 지점장의 권유에 덜컥 든 연금이었다. 연말 정산이 어떻고, 세제 혜택이 어떻고 듣긴 했지만 그보다는 직장인이면 다 가입한다는 말에 들기도 했다. 세제 혜택을 최대로 받을 수 있도록 매월 15만 원씩 15년 납입으로! 막연히 10년 안에 결혼도 해야 하고 목돈 들 일이 있을 것 같아 불안했지만 세금을 깎아 준다니 안 들 이유도 없었다. 그때 지점장의 한마디, "이거는 이제 없다고 생각하고 묻어 두세요." 그 말은 진리였다. 나는 그 조언을 받아들여 매월 월급 통장에서 빠져나가는 15만 원에 대해서는 애초에 없는 돈이라고 생각했고, 그해 겨울 세제 혜택까지 받고는 정말 기뻤다. 옳다구나! 잘했다! 2년이 지나고 연말정산 한도가 연간 400만 원에서 700만 원으로 늘어났다. 개인연금이 주는 연말 정산 효과를 경험한 나는 자발적으로 매월 19만 원씩 납입하는 개인연금을 추가 가입까지 했다. 그중 하나가 최근 2020년에야 끝났다. 무려 15년간 연금을 부은 것이다. 15년이라는 세월은 길다면 길지만 생각보다 금방 지나갔다. 그사이 결혼을 하고 아이를 낳고, 그 아이가 초등학생이 되었다. 바쁘고 재미있게 사느라 연금 생각은 나지도 않았다. 잊으면 잊히는 게 연금이었다.

주식도 그와 같다. 사 놓고 잊으면 된다. 주식에 넣는 돈을 지금 당장 털어서 쓸 건 아니지 않은가. 잊고 살면 돈은 저절로 굴러 간다. 2018년 한국전력의 적자가 확대되자 엄마에게서 문자가 왔다. 괜찮냐고. 이에 나는 전혀 움츠러들지 않고 "한국전력 망하면 우리나라가 망한다. 걱정하지 마."라고 말했다. 물론 조금 답답하기는 했다. 남들은 단타로 수익을 잘만 내는 것 같은데 내 목돈은 묶여서 오도 가도 못하는 상황처럼 느껴졌다. 그렇다고 한국전력에 넣어 둔 돈을 당장 빼서 뭐하겠는가. 흐지부지 썼겠지. 그렇게 나는 한국전력을 꽉 붙잡고 그냥 몇 년짜리 예금에 든 셈 쳤다.

돈이라는 게 그렇다. 자유롭게 두면 자유롭게 달아나 버린다. 월급 월급 통장에 들어온 돈을 어딘가에 묶어 두지 않으면 흐지부지 사라지고 말지 않은가. 나는 이런 돈을 예금 대신 주식에 묶어 둔다. 한국전력은 −50%가 되어도 내버려 두었다. 그렇게 4년의 세월이 흘렀고 드디어 그날이 왔다. 2020년 하반기! 한국전력이 흑자 전환을 한 것이다. 18,000원까지 내려갔던 주가는 29,000원까지 상승했다. 내 계좌 역시 플러스로 바뀌었음은 말할 것도 없다. 이 순간이 바로 예금이 만기 되는 순간이다. 4년간 묵혀 둔 예금이 만기 된 순간! 주식을 하되, 주식을 한다고 생각하지 않아야 한다. 3년짜리 적금을 부으면서 매일 적금 계좌를 들춰 보는 사람은 없듯이, 주식도 그러해야 한다.

  2017. 08. 09. '거북이 투자법' 카페에 쓴 일기

주식으로 배우는 게 많네요

차트 분석 같은 기술 말고요. 욕심에 대해서도 생각해 보게 되고, 인내하는 법도 배우고, 마음을 비우는 연습도 해 보게 되네요. 주식 책 읽다 보면 빠지지 않고 등장하는 워런 버핏 할아버지께서는 주식을 평생 보유한다는 마음으로 산다죠. 그 글을 읽으며 내가 보유한 주식을 금액으로 계산하는 게 아니라 '보유 수량'으로 계산하는 게 훨씬 마음 편하다는 생각이 들더라고요. 주가는 들쑥날쑥하지만 보유 수량은 변하지 않으니까요. 그리고 주식으로 생활비 번다는 마음 자체를 버려야겠어요. 생활비를 벌려면 조금만 이익이 나도 매도하게 되니까요. 마이너스라도 나면 조바심도 나고요. 욕심 버리고 알뜰하게 모으며 살아야겠습니다.

실패와 성공이 아닌
과정과 성공만 있을 뿐이다

실패는 없다. 실패했다는 것은 제대로 되지 않은 방법을 발견한 셈이고, 성공에 한 걸음 가까이 다가갔다는 뜻일 뿐이다. 사사미 후미오 또한 《나는 습관을 조금 바꾸기로 했다》에서 인생에는 반드시 실패가 필요하다고 말했다. 주식 투자를 할 때 가장 두려운 게 무엇인가. 바로 손실이 날 것 같은 마음이다. 힘들게 모은 돈이 한순간에 날아가 버릴까봐 두렵다. 그러나 손실을 두려워하지 말자. 돈 만 원만 있어도 언제든 다시 시작할 수 있는 게 주식이다. 중요한 건 손실이 났다고 그만두는 게 아니라 손실이 났더라도 묵묵히 나만의 투자법을 익히고, 평생 주식을 하겠다고 마음먹는 일이다.

나 역시 유료 리딩으로 어려움을 겪었다. 그러나 포기하지 않는 것은 '늙어서도 돈을 벌기 위해서는 주식을 해야 한다'라는 확고한 신념이 있었기 때문이다. 지금은 서투르더라도, 10년 뒤에는 반드시 주식으로 생계를 이어나갈 생각이다. 지금은 30대이고 돌아갈 직장이 있고, 돈을 벌어 오는 남편이 있다. 그래서 나는 지금을 주식 투자를 배울 적기라고 생각한다. 지금 배우지 않으면 퇴직 후 어떻게 하겠는가?

주식이 마이너스라면 실패라고 생각하기보다 배우는 과정이라 여기자. 성공하는 60대 투자가가 되리라는 목표로 지금의 시기를 숙련공의 마음으로 버티자. 여전히 나는 바닥인 줄 알고 들어갔다가 지하실과 벙커까지 보도 오기도 한다. 그러고는 '돈을 다 털어서 사는 게 아니구나, 마이너스가 심해서 못 샀더니 그때가 바닥이었구나, 떨어지는 칼날도 언젠가는 멈추는구나, 거래 정지의 위험이 있는 종목은 이런 특징이 있구나, 저렇게 들쑥날쑥한 종목을 샀다가는 밤잠 설치겠구나. 사지 말아야겠다.'하면서 배운다. 또한, 이러한 경험은 주식은 언젠가 오르는 것이라는 확신과 주야장창 기다릴 줄 아는 인내심, 마이너스에도 담담할 수 있는 배포를 배우게 한다.

딱 10년만 배운다고 생각하고 시작하자. 일확천금이 아닌 치킨값 번다는 마음으로, 딱 10%의 수익을 내 보겠다는 마음으로 시작하자. 적은 금액으로 계속 도전하다 보면 밤에 두 다리 뻗고 잘 수 있는 돈의 적정선이 느껴진다. 나도 처음에는 만 원 한 장에도 덜덜 떨리고, 10만 원에 극한의 두려움을 느꼈다. 그러나 나는 지금 5,000만 원까지는 겸허히 기다린다. 그만큼의 돈을 감당할 그릇을 키운 덕분이다.

이서윤 작가는 《오래된 비밀》에서 '운이 좋은 사람들은 인생을 하나의 배움의 장으로 생각한다'라고 했다. 그러고는 살면서 후회는 적게 하고 반성은 많이 하라고 했다. 주식 투자의 세계에서도 마찬가지이다. 후회를 자주 하는 사람은 주가가 오르면 오르는 대로 조금 더 늦게 팔 것을 후회하고, 주가가 내려가면 내려가는 대로 그때 팔았어야 했다며 후회한다. 관심도 없던 종목이 연일 상승하는 걸 보면 저 종목을 사야 했다고 후회한다. 그러나 후회한들 달라지는 건 없다. 후회 대신 해야 할 것은 반성이다. 물론 후회하는 습관을 바꾸기는 힘들다. 감정은 똑같은 순간에 비슷하게 발현하기 때문이다. 그래서 이서윤 작가는 '그 일은 이러이러한 성향이 있기 때문에 일어난 것입니다. 내년 상반기에 같은 실수와 아픔을 되풀이하지 않으려면 실패의 교훈을 꼭 떠올려야 합니다. 그때는 기회를 놓쳤지만 이번에는 반드시 잡을 수 있고, 그렇게 해야 합니다'라고 했다. 주식 투자에 있어서도 후회가 아니라 교훈을 얻도록 노력해야 한다. 그리고 자신을 맹신하지 말라! 돌아서면 까먹는 나이가 아니던가! 교훈을 얻었다면 눈에 잘 띄는 곳이나 핸드폰에 적어 두고 수시로 들여다보며 실수를 반복하지 않도록 하자. 이렇게 교훈을 하나둘 쌓다 보면 그게 자기만의 원칙이 된다.

주식 투자도 하다 보면 숨겨진 본능과 성격을 드러내게 된다. 급한 성격, 안절부절못하는 모습 말이다. 반면 평소에는 예민한데 주식에는 덤덤한 사람도 많다. 이게 그의 평소 성격이다. 주식에는 사느냐 마느냐, 파느냐 마느냐, 만족하느냐 후회하느냐 갖가지 선택과 감정이 뒤따른다. 매번 옳은 선택을 할 수 없듯이 최악의 선택을 하는 때도 있다. 그러나 낙담하지 않고 실패에서 배우면 된다. 에디슨도 전구를 발명하기 위해

2,000번의 실패를 하고는 "나는 전구를 발명하기 위해 2,000개의 안 되는 방법을 알았다."라고 하지 않았던가. 또한, 이서윤 작가는 '자기반성은 실패를 하더라도 다시 일어서게 하는 힘이고, 행운은 끌어당기는 힘이기도 하다'라고 말했다. 그러므로 행운을 끌어당기기 위해서라도 후회 대신 반성을 하자. 100% 정확하고 완벽하게 성공할 수 있는 주식 방법은 없다. 가치 투자도 마이너스일 때 팔면 손해가 아닌가. 결국 성공한다는 것은 수익이 날 때까지 들고 있는 것이다.

주식 담당자에게
SOS를 쳐라

'주담'이라 불리는 사람이 있다. 바로 상장된 회사의 투자자들을 대상으로 기업 설명 및 홍보 활동을 하는 IR(Investor Relations) 업무를 맡은 주식 담당자이다. 그리고 많은 주식 책에서 이들과 소통하라고 말하며, 주주 총회에도 참석하고, 그 기업에도 방문해 보라고도 한다. 어떤 책에는 투자한 회사의 대표나 주식 담당자와 식사를 한 일화가 담겨 있는 경우도 있다. 나도 나름 거금을 투자하고 있으니 주주 총회에 참석하고 싶은 마음이 있었다. 그러나 주주 총회는 평일 오전 9시에 하는 경우가 일반적이라 직장인인 내게는 기회가 오지 않았다. 연차를 쓰고 갈 만큼 낯짝이 두껍지도 않았다. 아무리 주주라고 해도 현실은 어딘가에 소속된 직장인이었다. 그러다가 2020년에 휴직을 하면서 본격적으로 주주의 권리를 행사해 볼 요량이었다. 그러나 코로나19가 터졌다. 집에서 아이를 돌보아야 했고, 감염 우려로 두문불출해야 했다. 정말이지 지금껏 주주 총회에 한 번도 참여할 수가 없었다. '그래, 주주총회는 무슨. 가 봤자 알아듣지도 못할 텐데.'라는 생각도 슬금슬금 들었다. 그러나 주식을 하다 보니 답답한 순간들이 있었다. 분명히 기업은 수익을 내고 있는데 내 주가는 내려가고 있다든가, 코로나19가 한창인데 기업 분위기는 어떤지 궁금할 때 말이다.

유안타증권을 보유하고 있을 때 처음으로 주식 담당자에게 전화를 해 보았다. 증권사 앱으로 주식 담당자의 연락처를 찾아 전화한 것이다 (미래에셋 앱을 예로 든다면, 주식현재가-재무 정보-기업 개요-IR 담당을 클릭하면 된다. 엉뚱한 부서로 연결이 된다면 당당하게 IR 담당자를 바꿔 달라고 하자). 그러고는 기업에서는 좋은 뉴스를 계속 띄우는데 왜 주가는 오를 기미가 보이지 않는지 물었다. 이에 주식 담당자는 이번 실적이 기대에 미치지는 않지만 나쁘지 않다는 무루뭉술한 답변을 내 놓았다. 이걸 어떻게 받아들여야 할까. 그래서 내린 내 나름의 결론은 '실적이 기대에 미치지는 못했지만 어닝 서프라이즈만큼은 아니며, 나쁘지는 않으니 괜찮다'였다. 그렇게 마음의 평안을 얻고 우직하게 기다리며 영업 이익이 증가한 걸 확인했다. 호재 뉴스에도 불구하고 주가는 지지부진했으나 이익이 났으므로 더는 불안해할 필요는 없었다. 그리고 나는 이왕 한 전화이니 그간의 불만을 토로하고 싶었다. "배당은 안 주면서 임원들 연봉 잔치나 하고 이러서야 되겠습니까?" 그러자 주식 담당자는 "네, 제가 생각해도 투자자 입장에서는 화가 날 것 같습니다."라며 공감해 주었다.

어느 날은 주식 카페에 CMG제약에 대한 정보가 올라왔다. "내일 FDA 승인이 나온답니다." 당시 CMG제약은 조현병 치료제(데핍조) 관련

하여 FDA 승인 신청을 해 놓은 상태였는데 허가가 빨리 안 나서 각종 농담과 유언비어가 난무할 때였다. 나는 직접 확인해 보는 게 낫겠다 싶어 CMG제약 주식 담장자에게 전화해 직접 물어보았다. 답변은 아직 승인을 기다리는 중이라는 것이었다. 이렇게 확인되지 않은 정보가 돌아다닐 때는 차라리 직접 물어보자. 뜬소문에 우왕좌왕하지 않고 정확한 정보를 얻을 수 있다.

구체적이고 실현 가능한
목표를 세우자

누군가는 왜 더 큰 부를 쫓지 않느냐 묻고 싶을 것이다. 사실 내가 경제적 자유를 얻어 하고 싶은 일은, 아이가 원하는 것을 마음껏 사주고, 나중에 아이가 하고 싶은 일을 지원하는 것이다. 그리고 내가 사고 싶은 책을 실컷 사서 읽고 싶다. 지금 당장 아이의 치료비를 줄여서 미래를 위해 저축하지 않는 이유다. 나는 돈이 목적이 아니라 돈이 주는 혜택을 누리며 살고 싶다. 그리고 내가 부를 축적하기 위해 아등바등하지 않는 이유는, 돈을 벌었을 때 누리고 싶은 것을 이미 누리고 있기 때문이다. 나는 더 큰 부를 위해 오늘의 행복을 포기하고 싶지 않다.

그리고 절대로 하지 않는 게 있다. 바로 부자처럼 보이기 위해 돈을 쓰는 것이다. 결혼 전에는 원피스와 구두를 철마다 샀다. 그러나 지금은 안 그래도 선택할 일이 많은 삶 속에서 오늘 입을 옷과 구두까지 선택하는 수고로움을 덜고 싶다. 옷과 신발의 가짓수를 줄여 가방은 편안한 에코백을 들고 다니고, 지갑은 없다. 대신 나는 마음 부자, 머리 부자가 되기 위해서는 투자한다. 책을 읽고 공부하는 일에는 돈을 아끼지 않는다. 물론, 생각지도 못하게 주식 대박을 터트리거나, 로또에 당첨된다면 갤러리아 포레(물론 지금은 로또 당첨금으로는 살 수 없을 만큼 올랐지만)를 사고 싶긴 하다. 그러나 이마저 부자처럼 보이기 위함이 아니라, 세를 놓아 다달이 월세를 받아 부를 늘리고 싶기 때문이다. 이야말로 진정한 파이프라인이 아닐까. 즉, 내가 주식 투자를 통해 이루고자 하는 건 수억 원 자산가가 되는 게 아닌 부의 파이프라인을 만드는 것이다.

하인리히 뵐의 단편 《노동윤리의 몰락에 관한 일화》에는 이런 이야기가 있다. 한 가난한 어부가 자신의 작은 보트에 누워 늘어지게 낮잠을 자고 있다. 이를 본 사업가가 어부에게 말한다. "어째서 두 번 심지어 세 번 출어를 나가지 않는가? 그러면 곱절 아니 세 배로 고기를 잡을 수 있을 게 아닌가?" 그러자 어부는 아리송한 표정을 짓는다. "늦어도 1년 뒤에는 모터보트를 살 수 있고, 2년 뒤에는 보트가 두 척이 되고, 3년이나 4년 뒤에는 작은 어선 정도는 살 수 있을 게 아닌가? 그리고 냉동 창고를 짓고, 생선 처리 공장까지 마련하시오. 그리고 개인 헬리콥터를 타고 날아다니며 무전으로 어선에 지시를 내리는 것이오." 그래도 어부는 모르겠다는 표정으로 "그런 다음에는요?"라고 묻는다. 이에 사업가는 "그런 다음에는 이 항구에서 편안하게 앉아 햇살 아래에서 달콤한 낮잠을 즐기는 거요. 저 멋진 바다를 감상하면서!" 그러자 어부가 피식 웃으며 말한다. "내가 지금 바로 그러고 있잖소."

꾸준히 자신만의 목표를 세우고 이루어 나가자. 남들과 비교하며 처음부터 월 22%의 수익을 꿈꾸기보다 3%의 수익을, 4%의 수익을, 10%의 수익을 목표로 하자. 커피값, 치킨값을 목표로 하다가 아이 학원비 정도로 목표를 잡아도 좋다. 그러다 보면 사이토 히토리의 말처럼 '내 수준'을 높이는 기회가 온다. 그때 도약하면 된다. 꿈은 원대하게 갖되 작은 목표를 세워 성공하는 경험을 늘려야 한다.

떠난 종목에는
미련을 두지 않는다

주식에서 가장 속이 쓰린 순간은 매도한 종목이 급등할 때다. '며칠만 더 들고 있을걸.' 싶다. 그러나 기회는 얼마든지 온다. 중요한 건 앞으로 주식을 할 날이 많다는 것이다. 한편, 주식 투자는 인생과도 닮아 있다. 욕심이 생기기도 하고, 욕심만큼 따라오지 않는 현실에 체념해야 하는 날도 있으며, 타인과 비교해 도태되는 것 같이 느껴지는 무력감은 덤이다. 그러나 타인의 수익에 배 아픈 날을 딛고 진심으로 축하하는 인격적 성숙을 끌어내야 한다. 그들에게는 그들의 그릇이 있고 나에게는 나의 그릇이 있다는 걸 인정하자. 정말이지 주식을 하는 매 순간은 나 자신과의 싸움이다. 지인도 주식은 돈거래가 아니라 마음 수련과 같다고 말했다. 주가가 요동을 치며 나를 약 올릴 때마다 휘둘리기보다 마치 어린아이가 까불거리고 장난치는 걸 겸허히 바라보는 어른과도 같아야 한다.

나도 속 쓰린 경험이 몇 번 있다. 뭣도 모르고 산 '대명코퍼리에션(현대명소노시즌)' 종목이 그러했다. 당시 거북이 투자법 카페에 막 가입했을 때였는데, 대명코퍼레이션에 대한 자문 글을 올리자 고수의 향기가 물씬 풍기는 분이 댓글을 달았다. "이런 종목에는 손대는 거 아닙니다." 도인에게 지팡이로 머리를 한 대 맞는 기분이었다. 이런 종목이 무슨 종목이냐 물을 용기도 나지 않았다. 두려운 마음에 대명코퍼레이션 관련 기사를 열심히 검색했다. 베트남에 법인 회사를 세운다는 기사가 보였다. 좋은 소식 같은데 왜 그는 이런 종목은 하는 게 아니라고 딱 잘라 말했을까? 그리고 대명코퍼레이션의 주식은 순식간에 급등해 18%의 수익을 안겨 주었고, 전량 매도한 뒤에도 주가는 더 뛰었다. 억울한 마음에 나는 그제야 그분께 "이런 종목이란 무엇을 의미하는 건가요?"라고 물었다. 그러자 그분은 당황하며 자기도 종목을 더 연구해 봐야겠다고 하셨다. 허무했다(결국 주식의 책임은 모두 자신에게 있다. 다른 사람의 말에 휘둘리지 말자).

'오성첨단소재'도 속 쓰린 경험을 선물한 종목이다. 카페에 종목 검색조차 되지 않을 때였는데, 그래도 나는 대마용 의료 기술에 대한 인터넷 기사를 검색해 공유하며 오성첨단소재의 가능성을 믿고 기다렸다. 3,000원 대로 시작해서 꾸준한 분할 매수로 내 평단가를 2,200원까지 맞췄다. 코로나19로 1,200원까지 내려갔지만 일시적 대외 변수로 인한 주가 하락은 곧 회복될 거라는 믿음이 있었기에 굴하지 않았다. 그리고 곧 주가는 회복되어 2,800원까지 치고 올라갔다. 그러나 나에게는 이 종목에 대한 큰 희망과 확신이 있었다. '미국에서 대마용 의료 기술을 합법화하는 순간, 이 기업의 가치는 더 오르리라. 카이스트에서 몇 년째 연구하고 있고 곧 결과가 나오지 않는가!' 그런데 2,800원까지 오른 주가는 다시 내 평단가 근처로 내려왔고 나는 인고의 시간을 감내하기 힘들어 남긴 물량을 전부 처분하고 말았다. 이후 잊고 살았다. 그러나 꼭 한 번은 내 지난 종목이 그리워지고 확인해 보고 싶은 순간이 있지 않은가. 검색해 보자 2,200원대에 처분했던 오성첨단소재는 내가 판 그 시점을 저점으로 하여 4,500원까지 치솟아 있었다.

나는 생각한다. 앞으로 60년은 더 주식을 할 건데 일희일비하지 말자고 말이다. 이건 소소하고 작은 에피소드일 뿐이라고 말이다. 그리고 '내 믿음이 허황되지 않는다는 확신이 든다면 더 기다려 볼 법 하구나. 동트기 전이 가장 어둡다는 사실을 잊지 말자.'라고 다짐한다. 인생은 길다. 오늘의 주식에 연연하지 말자.

서울대 엄마의 첫 주식 수업

내가 사면 내려가고
내가 팔면 오른다는 주식계의 고수

온라인 주식 카페나 네이버의 종목 토론방에 가면 가끔 보이는 글이 있다. "이제 제가 팔았으니 오를 거예요.", "죄송해요. 오늘 제가 샀더니 주가가 떨어지네요."와 같은 글들이다. 이런 말을 하는 사람은 꽤 많고 우리 집에도 한 분 계신다. 참 신기한 게 주가가 탄력 받아 상승의 기운을 타서 남편에게 자랑하면 그날은 상투다. 또 남편이 한숨을 쉬면 그날부터 주가는 반대로 상승하기 시작한다. 그래서 나에게는 수익을 실현하지 않은 상황에서 주식이 오를 때는 절대로 남편에게 자랑하지 않는다는 징크스가 있다. 장난이지만 이런 남편의 에피소드를 카페에 올리면 사람들은 남편이 주식을 팔 때 꼭 알려달라는 댓글이 달린다.

비트코인 열풍이 불 때였다. 남편이 갑자기 비트코인에 관심을 두기 시작했다. 나는 남편의 주식 실패 과정을 지켜본 터라 비트코인 투자에 반대했다. 그러나 남편에게 비트코인은 돈을 벌 절호의 기회로 보였나 보다. 결과는? 비트코인에 투자하려는 순간, 비트코인 신규 계좌 개설

금지 지침이 내려왔다.

그렇다면 내 남편과 같이 타이밍을 못 잡는 사람들은 주식 투자를 해서는 안 되는 걸까? 아니다. 잡지 못하는 타이밍의 역발상으로라도 하는 게 좋다. 내가 사면 떨어진다고 말하는 사람들은 조금만 사라. 사자마자 떨어지면 조금만 더 추가 매수하라. 팔 때도 물고기에게 미끼를 던지듯 몇 주만 팔자. 그렇게 해서 주가가 오르면 본격적으로 매도해 수익을 확대하면 된다.

한 집 건너 한 집에 있다는 이러한 타이밍을 못 잡는 자칭 주식 고수가 내 집에 있다면 행운이다. 감의 반대로 조금씩 던지면 수익이 나니 말이다. 물론, 오로지 감으로만 주식을 하는 건 위험하다. 그런데 아예 주식을 하지 않는 것도 위험하다. 욕심을 버리고 조금씩 매수와 매도를 반복하며 수익을 내는 방향으로 나아가야 한다.

역시 내가 팔면 오른다?

'내가 팔면 오를 줄 알고 아주 소량만 팔았다'라고 하시는 분들 계시죠? 지지부진,
오를 듯 말 듯해서 팔면 하늘 높이 솟는 광경… 그래서 저는 미끼 던지듯 소량만
먼저 팔아 봅니다. 그러고 나면 정말로 신기하게 쭉 오르더라고요. 세력이 지켜보
나 봅니다… 8,000주 넘게 보유한 종목 150주 팔았어요. 적게 판 거 맞죠? 그런데
150주도 아깝네요. 100주 만 팔 걸 싶어요. 저 지금 남편한테 자랑하고 싶은데 꾹
참는 중이에요. 남편에게만 말하면 희안하게 고꾸라져서요. 훠이훠이!

서울대 엄마의 첫 주식 수업

PART 6

휘둘리지 않고
주식 하기

윤택한 노후를
맞이하기 위한 수단, 주식

단순하게 살고 싶다. 나에게는 치열하고 진취적으로 살 열정과 에너지가 없다. 그저 오늘을 묵묵히 살아 내고, 아이의 성장을 응원하며 감사히 살 뿐이다. 그러기 위해서는 돈이 필요하다. 조금 더 여유가 있어서 아이의 성장을 돕고, 필요한 것들을 해 주고 싶다. 나에게 돈이란 아이를 살리는 수단, 생활을 꾸릴 수 있는 수단, 나를 당당하게 해 주는 수단이다. 돈에는 이런 가치가 있어야 한다. 그리고 내가 필요한 돈은 이러한 생활을 가능하게 하는 정도이다. 더 큰 집, 더 좋은 차, 명품을 사는 데 쓰는 만큼을 원하는 게 아니다.

그런데 이런 기본적인 생활을 위한 돈을 계산해 본 적이 있는가? 최소한의 돈이란 어느 정도인가? '부자언니 윤수진' 님의 특강을 들은 적이 있다. 그녀는 어떤 노후를 살고 싶은지, 소박하게 안락한 내 집이 있고, 자동차를 유지하고 적당히 문화생활도 하는 노후를 꿈꾼다면 얼마의 돈이 필요한지를 물었다. 그러고는 최소한 월 500만 원의 돈이 필요하다면 얼마의 자금이 있어야 하는지를 덧붙였다.

따져 보면, 나와 남편이 60세에 은퇴한다고 생각하고 90세까지 질기게 산다고 하면 총 18억 원이 필요하다(500만 원×12개월은 6,000만 원. 6,000만 원×30년은 18억 원이다). 최소한 60세에 18억 원을 준비해야 한다. 여기에 아이에게 보탬을 주려면 20억 원은 필요할 것이다. 그래서 나에게는 노후에도 돈을 벌 기술이 필요하며, 내가 선택한 기술은 기업에 투자해 그 이익을 조금 나눠 갖는 주식이다. 백 세 시대에 필요한 제2의 직업은 주식 투자라는 결론에 다다른 건 나로서는 자연스러운 일이다. 주식은 피할 수 없는 운명이라고 말하고 싶다.

사업할 능력이 없으면 주식을 하라

2020년 또다시 휴직을 하며 호기롭게 종이 신문을 구독했다. 매일 경제. 그리고 휴직으로 월수입이 줄어든 만큼 주식으로 돈을 벌어야겠다고 생각했다. 매달 내야 하는 구독료 2만 원에 망설여졌지만 2만 원으로 인터넷 뉴스보다 정확한 정보를 얻어 10배의 수익을 불리면 되지 않을까 싶었다. 그러나 지금 그 신문은 작은방 한쪽에 차곡차곡 쌓여 있다! 막상 구독하니 아침마다 현관 앞에 놓인 신문이 어찌나 부담스럽던지. 처음에는 설렜다. 아이를 등원시키고 집에 오면 개인 시간이 있기도 했고, 세상 돌아가는 걸 알면 수익을 늘릴 수 있지 않을까 하는 기대감도 있었다. 정말이지 글자 하나라도 놓치지 않겠다는 마음으로 열심히 꼼꼼히 읽었다. 그런데 반나절을 읽어도 한 장 넘기는 게 쉽지 않았다. 하루치 신문을 읽는 데 일주일이 걸렸다. 그래서 제목만 읽기로 방법을 바꿔 보았다. 눈으로 제목을 쓱 훑어보고 관심이 가는 기사는 꼼꼼히 읽는 것이다. 그러나 신문 읽기는 책과는 달랐다. 독서에 일가견이 있다고 생각했는데 왜 이리 신문 읽기는 지겨운지. 게다가 커다란 신문은 아이의 치료실 한쪽에서 읽기에도 불편했다. 멈추지 않고 읽기는 했지만 고문이었다. 그렇게 신문은 자꾸만 쌓여 갔고 결국 해지했다.

내 코가 석 자인데 세상 돌아가는 뉴스가 무슨 소용인가, 코로나19로 세상에 떠들썩할 때도 관심이 없었는데 무슨 신문이란 말인가!

주식 공부를 하되 너무 애쓰지 말자. 나도 주식 투자를 하고 있지만 주식으로 머리 싸매고 앉아 있는 날은 며칠 되지 않는다. 가계부와 일기를 쓸 여력도 없어 그나마 매달 카드값과 매매 일지 정도만 쓸 뿐이다. 그래서 나는 주식이 사업보다 좋다고 생각한다. 경영 능력이 없어도 할 수 있으며 많은 시간을 들이지 않아도 되기 때문이다. 나 대신 일해 주는 사람이 있고, 소액으로 가능하기까지 하다. 황정민 배우가 〈너는 내 운명〉으로 남우주연상을 받고 밝힌 밥숟가락 수상 소감은 주식과도 딱 맞다. "저는 항상 사람들에게 그래요. 일개 개미 나부랭이라고. 왜냐면 저는 100여 명 정도 되는 직원과 임원이 이렇게 멋진 밥상을 차려 놔요. 그러면 저는 맛있게 먹기만 하면 되는 거거든요. 근데 수익은 저도 같이 챙겨요. 그게 너무 좋아요."라고 말하고 싶다. 아니면 기생충이라고 해야 할까. 기업이 열심히 일해서 올린 수익에 빨대 꽂아서 쪽쪽 같이 먹는 개미? 자괴감이 들 법도 하지만 나는 매수 버튼 한 번 눌러 놓고 세월아 네월아 기다려 보답과 배당금을 받는 게 좋다. 직원 위에 임원, 임원 위에 주주인 법이다.

서울대 엄마의 첫 주식 수업

주식은 군대에 보낸 남자친구보다도 낫다. 보유한 순간만큼은 지고 지순 오매불망 군대 보낸 남자친구 기다리듯이 수익을 기다리다가, 수익이 나면 헌신짝 버리듯 매도해도 욕먹지 않기 때문이다. 오히려 자랑거리가 된다. 이만큼 수익이 났다고. 어떤가? 군대 간 남자친구를 기다리는 것보다 사업을 하는 것보다 남는 장사가 아닌가.

단돈 만 원만 있어도 사업하는 효과를 주는 게 주식이다. 치밀하게 사업 아이템을 준비하고 수완이 뛰어난 사람이 아니라면, 충실한 고정 수입을 내는 일을 포기하고 사업할 확신이 없다면 주식 투자를 하자.

나는 전문가처럼 차트가 어떻고 재무가 어떻고 라는 말을 하지 않는다. 공부도 하지 않고 주식에 뛰어든다고 말하는 사람도 있지만 그렇게 생각하면 주식은 더 먼 나라 이야기가 되어 버린다. 나는 주식 투자를 덧셈과 뺄셈, 곱셈과 나눗셈으로 한다. MBA와 경영학과를 나온 임원들에게 일하게 하고 나는 잘 차려 둔 밥상에 숟가락만 얹자. 적금 하나 붓는다고 생각하고 꼬박꼬박 나눠서 사는 거다. 사업할 능력도 돈도 없다면 더욱이 주식이 답이다.

정기적인 월급을 소중히 대하라

주식 투자를 한다고 남편의 월급을 우습게 볼 수는 없다. 오히려 매달 일정하게 수입을 내 주는 남편의 월급에 고맙다. 스노우폭스의 김승호 회장은 규칙적으로 들어오는 돈이 불규칙적으로 들어오는 돈보다 큰 힘을 가지고 있다며, 저서 《돈의 속성》에서 '돈이 일정하게 들어온다는 건 체계화된 경찰이나 군인 수백 명만으로 수천, 수만 명의 군중을 효율적으로 통제하는 것과 같다. 이 흐름이 거친 인생을 통제할 수 있는 상태를 만들어 준다. 장사나 사업을 계획 중이라면 개천을 막아 여름 한 철 하루 1,000만 원 매출을 올리는 사람을 부러워 말고 매일 수십만 원씩 꾸준한 돈이 들어오는 국밥집을 부러워해야 한다. 여름철에 번 1,000만 원은 솜사탕처럼 가벼워서 만지기만 해도 쉽게 부서지지만 국밥집 100만 원은 단풍나무처럼 단단해서 건물도 만들어 낼 수 있기 때문이다. 행사 때 몰려온 단체 손님을 상대하느라 단골을 무시하는 사장은 성공할 수 없다. 비정규적인 수입은 한 번에 몰려온 돈이라 실제 가치보다 커 보이는 착각을 일으킨다. 그래서 자신이 많은 돈을 벌

게 된 줄 알고 사치하고 함부로 사용하게 돼 결국 모으지 못하게 된다. 흔한 생각으론 돈이 또 언제 들어올지 모르니 저축을 해가며 살 것 같아도 실제로 그렇게 조정하는 사람은 별로 없다'라고 말했다. 그리고 매달 276만 원의 월급은 100억 원의 자산을 보유하고 있는 것과 같다고 했다.

김승호 회장은 이를 100억 원을 상속받은 제욱 씨의 사례를 예로 들어 설명했다. 유산 상속에 두 가지 조건이 붙었는데 첫째는 유산을 한 푼도 잃으면 안 된다는 것이었고 둘째는 연간 물가 상승률은 이익에서 제한다는 것이었다. 제욱 씨가 이 100억 원을 은행에 예금하면 어떻게 될까? 아마 정부의 기준금리가 내려가면서 이자율은 1% 미만에 그칠 것이며, 1년 만기 상품의 가장 높은 0.80%에 예치했다면 이자는 8,000만 원 정도. 여기에 15%인 이자과세 1,232만 원을 제하면 실수령액은 100억 6,768원일 것이다. 6,768만 원을 벌었으니 이 정도면 충분히 부자로 살 수 있을까? 그러나 통계청의 소비자물가조사에 따르면 최근 5년 평균 소비자 물가 상승률은 1.1%다. 그러나 다행히 2019년도 물가 상승률은 0.4%이므로 100억 원에서 4,000만 원 평가 절하되었으니 4,000만 원을 제하면 2,768만 원의 이익이 발생한 것이다. 이를 월별로 나누면 230만 원 정도밖에 되지 않는다. 100억 원이라는 거금을 상속받아 부자가 된 것만 같은 마음에 직장을 그만둔 제욱 씨는 후회한다.

2010년 중고차 거래 사이트에 올라온 질문 하나를 더 예로 들어 보자. 그곳에는 "100억 원을 은행에 두면 한 달에 이자가 얼마인가요?"라는 질문이 올라왔다. 그러자 한 회원이 다음과 같은 댓글을 단다. "현재 예금 금리를 높게 잡아 3%라고 한다면 이자 소득에 원천 징수되는 세금이 4,620만 원입니다(원천징수 세금 14% + 지방소득세 1.4%). 여기에 누진세를 적용한 종합소득세 35%까지 하면 8,883만 원이 되죠. 세금 제하면 순수 이자는 1년에 1억 6,500만 원, 한 달로 나누면 월 1,370만 원이 발생합니다."

그러나 2010년의 이야기이다. 3%의 금리를 받을 수 있었을 때는 100억 원을 예금에 넣어도 생활이 가능했지만, 지금은 그렇지 않다. 그러므로 무리하게 전업 투자자가 되기 위해 애쓰기보다 매달 들어오는 고정 수익인 월급을 소중히 여겨야 한다. 또한, 월급은 보유한 종목을 추가 매수할 기회를 주어 자산을 증식시킨다. 비록 통장에 스쳐 지나가는 인연이라도 통장을 순환하게 만들어 준 데에 감사해야 한다.

곳간에서
인심 난다

　"교사가 주식을 해?" 책을 쓰며 가장 두려움을 느낀 말이다. 교사는 청렴해야 하고 돈을 멀리해야 하며 검소해야 한다는 이미지는 나뿐 아니라 많은 사람에게 덧씌워진 편견이다. 실제로 나는 30대임에도 꽤 고리타분한 편이라서 동료나 내 아이의 선생님이 주식 투자를 하고 있다고 하면 깬인 사람이라는 생각이 들면서도 마음 한쪽은 불편하다.

　초임 시절, 40대의 부장 교사가 계셨다. 검소하고 인정이 많고 궂은 일도 마다하지 않는 분이셨다. 게다가 유머러스하시기까지. 그분과 한 팀이 되어 제자들을 데리고 수학여행을 가는 길에 주식 투자에 대한 이야기를 들었다. 큰 욕심 내지 않고 소소하게 벌어 사람들에게 밥을 사는데, 곳간에서 인심이 나더라는. 씀씀이가 헤프지 않으면서 주변 사람들을 살뜰하게 챙긴다고 생각했는데, 그 곳간이 주식이었을줄이야. 주식에 대해 전혀 몰랐던 나는 신기할 따름이었다. 되돌아보면 그 선생님을 붙잡고 주식에 투자하는 법을 물어 빨리 입문할 걸 싶다. 그 기회를 잡지 못한 게 아쉽다. 아무튼 남편이 주식을 한다고 고백했을 때 호의적인 생각을 품은 것도 그 선생님과의 대화 때문이었으리라. '그 성실하고 좋은 선생님도 주식을 하는데 큰일이 아니구나.' 하고 말이다.

그런데도 나는 아직 "저 주식 투자해요."라고 말하기가 조심스럽다. 휴직 후 연말 인사를 하러 학교에 들렀을 때, 내 사정을 아는 친한 선생님들과 모여 앉아 농담 반으로 돈벌이 걱정을 털어놓은 적이 있다. 유튜브와 블로그로 수익을 올리는 법 이야기도 하면서 말이다. 그때 내가 믿고 의지하던 선생님께서 진지하게 조언하셨다. "우진아, 주식은 절대 하면 안 된다." 그 말에 나는 주식 투자를 하고 있다는 말을 할 수 없었다. "네. 저 인형 눈알이라도 붙일까 봐요." 후배들과의 식사 자리에서도, 자연스럽게 나온 주식 이야기에 "나 주식 하고 있어."라고 커밍아웃하니 다들 놀라는 표정이란. 한 후배는 흔들리는 눈빛으로 물었다. "누나, 지금 괜찮은 거 맞지? 큰일 난 거 아니지?"

이런 내가 주식 책을 쓰게 된 데는 《돈의 속성》을 읽고 용기를 얻었기 때문이다. '사업의 세계와 투자의 세계에서는 나보다 나은 사업가와 경영자에게 투자하는 것이 불법도 아니고 비도덕적인 일도, 부끄러운 일도 아니다. 지극히 합법적이고 합리적이며 자랑스러운 일이다' 맞다. 나는 불법을 저지른 것도 아니며, 교사라고 주식을 하지 말라는 법도 없다. 교사도 사람이고 우리 모두 자본주의 시대를 살아가는 사람일뿐이며, 자본주의 시대를 살면서 돈의 속성을 모르는 건 직무유기다.

왜 학교에서는 금융 교육을 하지 않는지를 묻는 말에 나는 고개를

끄덕이지 않을 수가 없다. 우리는 초중고 12년, 대학 4년간 돈에 관해 배운 적이 없다. 수학을 전공한 나조차 원리합계에서 복리와 단리에 따른 이자 계산 정도만 가능할 뿐이며, 요즘에는 이마저 계산기가 해 준다. 나는 학교라는 제도권 밖에서 돈을 벌고 아이를 키우면서야 '돈이 주는 안정감'을 배울 수 있었다. 펀드 반 토막도 내 보고 부동산 급등기도 놓쳐 보면서 말이다. 나는 교사로서 아이들에게 금융 교육을 시켜야 하는 데에 동의한다. 돈이 인생의 다는 아니지만, 돈이 삶에 필요한 것을 제공해주는 게 사실이니까. 그리고 필요를 넘어 사람을 살리는 데에도 돈이 필요하니까.

돈보다 가치 있는 일은 많다. 나도 내가 추구하는 가장 가치 있는 일은 '진리 탐구'이다. 그러나 진리를 탐구하기 이전에, 밥을 먹어야 하고 잠을 잘 집이 필요하다. 돈이 있어야 진리를 탐구할 수 있다는 말이다. 여전히 '배부른 돼지가 되기보다 배고픈 소크라테스가 되겠다'라는 말을 사랑하지만, 나를 건사해야 할 나이가 되고, 내 몸을 책임져야 할 나이가 되니 배고픈 소크라테스도 밥을 먹어야 한다는 걸 알겠다.

주식에 대한 선입견을 버려라. 돈에 대한 선입견을 버려라. 부자는 악덕하다는 선입견, 돈을 추구하면 안 된다는 선입견을 버려라. 돈이 인생의 목적과 목표가 되어서는 안 되지만 돈이 삶의 동반자가 되어 주는 건 사실이다. 그래야 원하는 꿈을 목표를 이룰 수 있다. 가족과 편안한 삶을, 행복한 삶을 사는 소박한 꿈이라고 할지라도 말이다. 나는 크리스마스에 지인들에게 기프티콘을 보내면서 생각한다. 곳간에서 인심 난다.

당장 부자가 되려 하지 말고
부의 그릇을 키워라

지금 당장 로또에 당첨된다면 무엇을 하겠는가. 남편은 상상만으로도 벅차오른다고 한다. 우리는 되지도 않은 로또 맞은 상상을 하며 수많은 이야기를 나눴다. "여보, 그런데 우리가 로또에 당첨되지 않은 건 그 돈을 가진 걸 상상하는 것만으로도 벅차올라서야. 큰돈을 겸허히 받아들일 수 있을 때 우리에게도 큰돈이 들어올 거야."

소액 주식 투자에 매달리며 살아가던 K 씨는 2003년에 로또 1등이 되어 말 그대로 돈방석에 앉았다. 그러나 갑자기 부를 거머쥔 K 씨는 이 돈을 어떻게 관리해야 할지를 몰랐다. 주위에 당첨 사실을 숨기다 보니 자산 관리에 대한 조언도 구할 수 없었다. 그래서 K 씨는 거금을 모두 주식에 쏟아붓고, 일부 재산은 부동산 매수와 병원 설립 투자금에 사용했다. 그러나 서류상 문제로 병원 설립에 투자한 35억 원은 회수하지 못하고 주식 투자에 실패하면서 2008년 말 당첨금을 탕진하고 말았다. 전문가들은 '돈이 많아도 불행한 이유는, 돈이 모든 것을 해결해 주리라는 맹신과 이로 인한 삶의 목적 상실 때문이다'라고 말한

서울대 엄마의 첫 주식 수업

바 있다. 결국 돈은 돈에 대한 그릇이 큰 사람에게 들어갈 때 이롭게 쓰인다. 로또 당첨금을 받고도 누군가는 예전과 변함없이 지내고 누군가는 망한다. 돈 그릇의 크기 차이 때문이다. 그러니 지금 당장 부자가 되기 위해 욕심을 내기보다 부자가 되기 위한 돈 그릇을 키우는 데 힘쓰자. 그렇게 키우다 보면 돈은 저절로 들어올 것이다.

돈 그릇을 어떻게 키울 수 있을까. 나 같은 경우는 주식을 하면서 투자금을 조금씩 키웠다. 처음에는 200만 원을 투자했다. 그리고 마이너스가 되면 심장이 두근거리고 플러스가 되면 가만히 두고 볼 수가 없어 금방 팔아버렸다. 그래도 마음을 가다듬으며 1,000만 원을 감당하게 되면 2,000만 원으로 늘리는 식으로 돈 그릇을 키워 나갔다. 주식을 시작하던 때에 비하면 돈을 바라보는 마음이 많이 편안해졌다. 지금도 로또에 당첨되어 20억 원이 생긴다면 어떨까를 상상한다. 여전히 생각만으로도 심장이 두근거린다. 이 두근거림은 돈 그릇을 20억 원을 담을 정도로 키울 때까지는 계속될 것이다. 어쩌면 지금 당첨되지 않은 게 행운일지 모른다. 송충이는 솔잎을 먹어야 한다지만, 차츰 늘려서 송로버섯을 먹을 수 있을 만큼 돈 수행을 할 생각이다.

주식은 차트가 아니라
사칙연산이다

　　부동산값이 폭등하며 나도 상대적 박탈감에 휩싸였다. 그렇다고 부동산에 투자하기에는 성격이 맞지 않았다. 부동산 중개인을 만나고, 집주인을 만나고, 세입자를 만나며 겪는 심리 싸움이 너무 피곤했다. 매수가, 전세가, 부동산 중개 수수료 등에 대한 치열한 심리 싸움! 그렇다고 재테크에 손 놓고 남편의 월급만으로 살 수도 없었다. 공무원 신분에 겸직도 안 되어 정말 인형 눈알이라도 붙여야 하나 싶었다(인형 눈알도 지금은 공장에서 기계가 붙인다!). 그러다가 시작한 게 분노의 주식 투자! 남편이 내 돈을 잃어서 화가 나 시작한 주식이었지만 지금은 안 하면 어쩔 뻔했나 싶다. 존 리 아저씨의 책을 찾아 읽고 박영옥 아저씨의 책도 읽었다. 자본주의 시대에는 자본가가 되어야 한다는 당연한 말에 그간 너무 돈에 대해 모르고 살았다는 게 무서웠다. 지금도 내 주변에는 주식 투자에 대해 무지한 사람이 많으며 가끔 나에게 무턱대고 종목을 추천해 달라는 사람이 있다. 그러나 나는 절대로 종목을 추천하지 않는다. 그건 용한 점쟁이도, 저명한 투자자도 하지 못 하는 일이다.

내가 하는 주식 투자법은 매우 간단하다. 일명 더하기 빼기 주식 투자다. 나는 어릴 때 우표와 구두를 수집했던 것처럼 종목을 수집한다 (잡주까지 모을 필요는 없다). 미니멀리즘을 실천하는 사람도 주식은 모을 수 있다. 아무리 모아도 물리적 공간을 차지하지 않으니까. 이렇게 모으면 계좌가 두둑해진다. 주식을 투자라고 생각하면 어려워지니까 이 책을 읽는 분들은 주식을 단순히 종목을 모으는 거라 생각했으면 한다. 이 정도는 기업 정보와 재무제표와 회계를 몰라도 할 수 있다!

나는 수학 교사다. 수학은 많은 학생이 가장 많이 어려워하는 과목이자 거부하는 과목이다. 두려움을 느끼는 학생도 있다. 그래서 나는 학생들에게 이렇게 묻는다. "자, 이제부터 대답을 못 하면 바보. 긴장하세요. 1 더하기 1은?" 아이들의 야유 소리가 들린다. "자, 그러면 이번에는 조금 어려워집니다. 3 곱하기 5는?" 15라고 외치는 아이들에게 나는 놀라움을 표한다. "여러분, 구구단 할 수 있으면 수학도 잘 할 수 있습니다. 구구단이랑 똑같아요. 처음이라 어렵게 느껴지지 막상 하면 구구단 수준밖에 안 되죠. 처음 구구단 익힐 때 쉬웠나요? 생각보다 어려웠을 거예요. 그래도 연습하고 반복하니 되었죠? 저도 초등학교 4학년 때까지 구구단을 못 외워서 나머지 수업도 받고 체벌이 허용되던 시기라 맞기도 했어요. 그런데 지금은 수학 선생님이 되었어요." 이 이야기를 하는 이유는 주식 투자를 어렵게 생각하지 말라고 하고 싶기 때문이다. 처음에는 어렵다. 그러나 결국에는 사칙연산을 하는 것과 똑같다.

처음 투자할 때는 덧셈을 해 보게 된다. 10주를 사고 5주를 사서 15주로 늘리는 것이다. 물타기를 할 때는 곱셈과 나눗셈이다. 지금 보유한 총 매수가와 추가로 매수하는 가격을 더해서 총 매수한 주식 수로 나누는 것이다. 그러면 평단가가 나온다. 나도 흑삼병과 적삼병 등의 단어를 익히며 차트를 공부한 적도 있다. 그러나 차트를 보며 주식을 하다가 미래는 알 수 없다는 결론을 내렸다. 코로나19로 인해 주식이 3월에 폭락할 걸 예상한 이가 있었는가? 주식 카페에 11월부터 중국의 사스와 유사한 전염병이 발생했으니 마스크 관련주를 사라고 한 사람이 있긴 했다. 그러나 그분도 이 전염병이 1년 이상 전 세계를 휩쓸지는 몰랐을 것이다. 인생을 한 치 앞도 예상할 수 없듯 주식도 그러하다. 그럼에도 불구하고 나는 여전히 주식을 하고 있다. 엄청나게 큰 수익은 아니지만, 이제는 "밥은 먹고살 만해요."라고는 말할 수 있다.

주식을 어렵게 생각하지 말자. 미적분을 하라는 게 아니다. 이차함수를 알 필요도 없다. 사칙연산만 할 줄 알면 된다(이마저 계산기가 해 준다). 계좌를 개설하고 우표를 한 장 한 장 모으듯 종목을 모으자. 어릴 적 우표를 모으던 즐거움을 느끼면서 말이다.

서울대 엄마의 첫 주식 수업

공무원이 주식을
해야만 하는 이유

　서울대 수학교육과를 졸업했다. 학업을 이어오며 한 과외 아르바이트로만 대기업 과장급 월급만큼 벌었다. 학기 중에는 공부하느라 과외를 거의 안 했지만 그래도 방학 때 고향에 내려가 바짝 과외 아르바이트를 하면 500만 원은 쉽게 벌었다. 그렇게 여섯 번의 방학을 보내니 3,000만 원 정도를 모았다. 그래서 내 동료 중에는 학원 강사로 진로를 결정한 이도 많다. 정확히는 모르지만 자주 차를 바꾸는 걸 보면 많이 버는 것 같다. 서울의 노른자 땅 중의 노른자 땅 펜트하우스에 입주해 화제가 된 사람이 있다. 바로 스탠퍼드 대학 출신의 한 수학 강사다. 한국에서 돈을 제일 많이 번 88년생으로도 화제였으며 연봉이 220억 원대에 이르는 인물로 알려져 있다. 내 동문 중에도 이만큼은 아니겠지만 확실히 많이 버는 친구들이 있다.

　그렇다면 나는 왜 사교육계로 가지 않고 임용 고시를 보았을까? 공무원이 안정적이어서? 방학이 있어서? 결혼하기에 좋은 조건이어서? 사실 나는 교사가 될 생각이 없었다. 고등학교 때 희망 진로는 한의사, 심리학자, 천문학자였다. 수학교육과에 합격했을 때는 대학원에 진학하리라는 포부가 있었다. 그러다가 4학년 때 교생 실습을 하며 본격적으로 교사를 꿈꾸었다. 교사는 나에게 사명감을 느끼게 하는 만족스러운 직업이다. 그러나 분명히 말하지만 월급이 너무 적다. 첫 월급은 180만 원이었다. 하루 8시간을 근무하고 180만 원! 과외를 해서 버는 돈보다도 훨씬 적었다. '이걸로 먹고살 수 있을까?' 정말 막막했다. 여기에 적금의 여왕 엄마의 조언에 따라 매달 꼬박꼬박 120만 원씩 적금을 부었다(원룸 월세 30만 원은 부모님이 내주셨다). 60만 원으로 한 달을 살았다. 대학생 때 용돈이 30만 원이었으니 못 살 것도 없지만 식비와 의복비 등을 해결하기에는 턱없이 부족했다. 이렇게 매달 적자를 면치 못할 것 같은 상황에 목마른 사슴에게 내리는 단비처럼 방과 후 수업료가 들어왔다. 신기한 건, 이론상으로는 적자가 분명한데 월급 통장에 돈은 항상 있다는 사실이었다.

그래서 사회 초년생이라면 매달 적금을 붓기를 추천한다. 월급 180만 원에 120만 원 적금은 매우 부담되는 액수다. 그러나 불가능한 게 아니다. 이렇게 3년을 부으면 4,300만 원의 목돈을 모을 수 있다. 이 목돈은 당신에게 돈 모으는 재미를 알게 할 것이며, 일상생활에 든든한 지지대가 되어 줄 것이다. 결혼 전까지 3년간 적금을 두 번 부었다. 이 자까지 합하면 대략 9,000만 원 정도다. 외벌이로 1억 원을 모으는 게 가능했던 이유다. 적자는 아이가 태어나면서부터 시작되었다. 지금은

서울대 엄마의 첫 주식 수업

멀쩡한 직업을 두고 휴직 중이기까지 하다. 정말이지 3인 가족으로 전환되며 혼자 살 때와 비교가 안 될 정도로 지출이 늘었고, 발달이 느린 아이를 키우느라 각종 치료비에 한 달에 200만 원이 나간다. 그래서 내게 주식은 필수이자 생존이 되었다. 주식을 해야만 하는 이유다. 정해진 월급, 예측 불가능한 인생, 예상치 못한 지출, 점점 오르는 물가 상승률, 겸직 금지의 상황에 공무원은 반드시 주식을 해야 한다. 재테크는 필수다.

그럼에도 불구하고
주식 투자

    가장 불행한 삶은 어떤 삶인지를 묻는 말에 소설가 베르나르 베르베르는 이렇게 답했다. "오직 남을 위해서만 시간을 쓰는 삶입니다. 친구를 위해, 가족을 위해, 연인을 위해 모든 시간을 써야 하는 삶. 그래서 시간의 주인이 자신이 아닌 삶. 그런 삶이 가장 불행하다고 생각합니다." 마치 주부들의 삶을 이야기하는 것만 같다. 아이와 남편을 위해 쓰는 시간이 많은 삶. 내가 우울증이 심해진 것도 아이가 아파서가 아니라, 아픈 아이를 위해 내 시간을 모두 써 버려야 해서는 아닐까. 김종봉과 제갈현열의 공저서 《돈의 시나리오》에는 '자신이 원하는 것을 이루기 위해 흔들리지 않고 시간을 쏟아야 한다'라는 문구가 있다. 나는 이 시간을 돈 공부와 마음공부를 하는 데에 사용하고 있다. 책임져야 할 자식과 챙겨야 할 남편을 위해 나만의 시간을 만들어 나와 가족이 행복하게 살기 위한 돈을 버는 공부 말이다. 혼자만의 시간을 갖는다고 죄책감 갖지 말자. 24시간 아이 생각만 해야 좋은 엄마가 되는 게 아니다.

그리고 나는 책을 읽는다. 우울증이 너무 심해 손가락 하나 까딱할 수 없이 시체처럼 누워있던 때, 우울증이 심해져 약을 먹어야 일상생활이 가능할 때 다시 책을 손에 들었다. 영적인 체험을 다룬 책, 긍정을 위한 책, 행운과 관련한 책을 읽으며 밑줄을 긋고 따라 썼고 그제야 다시 미래가 그려졌다. '그래, 지금 당장 부자가 될 수는 없지만 10년 뒤에는 근로소득 없이 돈을 벌 수 있어야지. 그래야 남편과 함께 아이 키우며 살지. 여기서 무너지지 말자. 또 좌절의 순간이 온다고 해도 책을 손에서 놓지 말자.' 그리고 나는 이 책을 쓰기로 했다. 주식 투자가 두려운 주부들에게, 내 삶이 없는 것만 같은 주부들에게 함께 힘을 내 보자고 하고 싶다. 당신도 할 수 있고, 해야만 한다고 하고 싶다. 생활비 때문에 속이 상할 나의 친한 이웃이 이 책을 읽고 자신의 삶을 좀 더 주도적으로 살기를 바란다. 내 인생은 결코 실패한 게 아니다. 인생은 단 한 번의 실패도 허락하지 않았다. 모든 것은 성공을 위한 과정일 뿐이다.

《오래된 비밀》의 저자 이서윤의 말로 끝을 맺는다. 당신은 행운을 불러오기 위해 필요한 것들을 모두 갖추고 있습니다.

이 책을 쓰기까지 고심했다. 주식을 전문적으로 배운 것도 아니고 TV나 유튜브에 나오는 주식 전문가들처럼 급등 종목, 급등 타이밍을 알려 줄 수도 없다. 차트와 재무제표도 꼼꼼히 따지지 않는다. 그러나 누구나 주식 투자를 할 수 있다는 이 한마디를 위해 펜을 들었다.

주식 책을 쓰기 머뭇거린 이유가 하나 더 있다. 2017년 초, 유료 리딩으로 물려 있던 종목을 해결하지 못하고 있었다. 1만 원이던 주가는 매수한 후로 꾸준히 떨어졌고 2020년 3월에는 코로나19로 1,300원대까지 떨어져 버렸다. 내가 할 수 있는 방법은 버티기와 물타기 밖에 없었다. 계속된 하락으로 손절을 생각하지 않은 건 아니다.

하염없이 주가가 내려가던 2019년 10월, 느닷없이 주가가 급등하여 27.85%까지 치솟았다. 조금이라도 손실을 줄여볼까 하여 소량을 매도했고 결과는 처참했다. 고작 689,000원을 팔았을 뿐인데 −504,941원의 손실이 났다. 일부 현금이라도 돌려받아서 다행이라고 생각할 것인가 손실을 확정지어 어리석었다고 할 것인가. 많은 사람이 손실을 보고서라도 팔아서 현금화한 뒤 다른 종목에 투자해 손실을 만회하리라 생각한다. 그러나 마이너스는 언제나 일어날 수 있다. 다른 종목에 투자한다고 반드시 이익이 나리라는 보장이 없다. 그래서 나는 버틴다. 버티면서 매수하고, 또 매수하고 버틴다. 그러면 내려가는 주가와 더불어 내 계좌의 평단가도 함께 내려간다. 주가는 내려가다가도 오르기도 하는 법이다. 모두를 공포로 몰아넣었던 2020년의 3월을 저점으로 그 종목의 주가는 다시 상향선을 그렸다. 이미 떨어질 때로 떨어진 주가였기에 회복은 더뎠지만, 당일 주가가 마이너스일 때마다 10만 원, 20만 원씩 꾸준히 매수해 2021년 8월, 최고 24.29%, 평균 12.83%의 수익으로 매도할 수 있었다.

그래서 이제는 자신 있게 말할 수 있다. 일확천금, 한탕주의라는 욕심만 부리지 않으면 손절하지 않는 이상 반드시 수익이 난다고 말이다. 이 책을 읽고 혹여 특정 종목을 언급하며 지금 사도 되느냐 묻는 분들께 이렇게 답하고 싶다. "사고 싶으면 일단 1주만 사세요. 사고 내일 오르면 감사하다고 생각하면 되고, 떨어지면 1주 더 사면 됩니다. 오르면 올라서 좋고, 내리면 내려서 좋다고 생각하고 시작하세요."

아무리 전문가가 오를 종목이라고 추천한다고 해서 금방 오를 거라 생각하지 말자. 주가가 오를지 내릴지는 아무도 모른다. 며느리도 모른다. 우리가 할 일은 행동하고 결과에 대응하는 것뿐이다. 행동하지 않으면 후회가 남을 뿐이고, 행동하면 경험과 노하우가 생긴다.

투자를 하면 할수록 모든 건 운과 타이밍이라는 걸 생각하지 않을 수가 없다. 기다림의 미학은 주식 투자의 세계에서도 예외가 아니다. 기다리다 보면 때가 온다. 인생처럼 말이다. 개미는 운을 사기 위해 시간을 투자한다. 그렇기에 주식의 결과 앞에 겸손해질 수밖에 없다. 언제 오를지 언제 내릴지 예측할 수 없는 주식이기에 내리면 매수한다 치지만 오르면 자만할 게 아니라 겸손해야 한다. 돈은 돌고 돌아야 돈이고, 돈은 돌수록 크게 불어난다는 걸 알게 되었기에 이제는 수익이 나면 일부는 '나무와 열매'라는 사회적 협동조합에 후원하고 있다. 돈이 나갈 때도 항상 감사한 마음으로 보낸다.

"돈 님, 외출하셔서 좋은 일 많이 하시고 돌아오실 때 친구들 더 많이 데리고 오세요."

이 책이 나오기까지 많은 사람의 도움을 받았다. 고등학교 선배이자 《캐리어 책육아》의 저자 최애리 선생님, 멋진 여자 〈1인 창업스쿨〉의 조혜영 대표님, 우울한 순간마다 나타나 정리를 통해 일어설 수 있게 도와준 《1일 1정리》의 심지은 작가님, 항상 따뜻한 말로 위로와 격려를 해주시는 반지대장 주씨 님, 내 아들을 사랑으로 돌봐 주시는 김태진 선생님께 큰 감사를 드린다. 부족한 원고를 알아봐 주시고, 책이 되어 나올 수 있도록 도와주신 슬로디미디어 편집자분들께도 진심으로 감사드린다. 무엇보다도 내 인생의 든든한 지원군이자 동반자 남편, 내 삶의 원동력이자 세상에서 제일 소중한 사람 내 아들! 당신들은 내 인생의 가장 큰 선물이야. 많이 사랑하고 고마워요. 마지막으로 많은 재능을 갖고 태어나게 해주신 아버지 주선돈, 어머니 하순애, 형제 주우용에게도 감사의 마음을 전한다.

　주식이 두려운 많은 사람에게 새로운 도약의 계기가 되기를 바라며 이 책을 바칩니다. 감사합니다.

주우진